JN066952

知れば知るほど得する
お金の基本

監修　平野敦士カール

宝島
SUGOI
文庫

宝島社

はじめに

平野敦士カール

「もっとお金を貯めたい、増やしたい！」。そう思ってこの本を手に取った読者もいるかもしれません。でも、お金があれば幸せになれるとは限りません。人生においてお金よりも大切なものはたくさんあります。

では、なぜお金は大切なのでしょうか？　私は「お金があれば自由を手に入れることができる」からだと思います。日本では特にお金に関する教育が遅れているといわれ、海外と比べて投資や資産運用に関するリテラシーの低さが指摘されています。いまだに「投資は損をするから素人は手を出してはいけない」「お金は努力と根性で得るもの」といった、高度経済成長期に培われたお金に対する価値観が根強く残っています。

私は大学卒業後に日本興業銀行という銀行に13年以上勤めましたが、当時から「お金は汗水垂らして稼ぐものであり、お金儲《もう》けは卑しいこと」というイメージがあったと感じています。しかし「お金に色はない」というように、働いて得たお金も投資で得たお金も、その価値は変わりません。むしろ世の中でお金持ちになっている人の多くは、〝お金を働かせている〟人たちなのです。

日本は終身雇用や年功序列の賃金制度が崩壊し、非正規雇用が拡大。高齢化・人口減少で年金制度の維持も危惧されています。大企業の法人税は下がる一方で、個人の社会保険料や消費税などは上がり続けており、実際に使える可処分所得は減り続けています。

失われた20年、30年ともいわれる日本経済の停滞や、年金制度に対する不安などで、お金に対する価値観は確実に変わってきています。もはや国に頼ることは期待できません。だからこそ、お金に対する知識や判断力を身につけるための金融教育が必要なのです。特に株式投資などは長期的な観点から行うことが重要なので、できるだけ若いうちから知っておく必要があるのです。

そこで本書では、「基礎知識」「使い方」「貯め方」「稼ぎ方」「増やし方」など、お金に関するあらゆる知識を、ゆる〜いイラストとともに解説しています。

お金についての正しい知識を持てば、今よりもお金が増えて、自由な人生を手に入れられるかもしれません。本書がその一助となれば、望外の喜びです。

CONTENTS

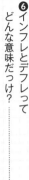

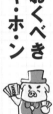

3章 お金の貯め方のキ・ホ・ン

4章 支出の抑え方のキ・ホ・ン

7章 お金の備え方のキ・ホ・ン

8章 金融知識のキ・ホ・ン

9章 お金の増やし方のキ・ホ・ン

10章 日本と世界のお金事情のキ・ホ・ン

編集／細谷健次朗（株式会社G.B.）
執筆協力／川村彩佳、龍田昇、野村郁朋
カバー・本文イラスト／ふじいまさこ
カバーデザイン／妹尾善史（landfish）
DTP／㈱ユニオンワークス

1章

知っておくべき お金のキ・ホ・ン

普段、何気なく使っているお金は、いつどのように始まったのか？買い物をするときに支払う以外に、どんな役割があるのか？とても身近な存在なのに、知らないことだらけだったりします。本章で、お金の基礎知識を知っておきましょう。

そういえば起源について考えたことなかった！

お金はどうやって始まったの？

●利便性を追求しお金のかたちは変わってきた

大昔、お金は存在せず、欲しいモノを手に入れるためには「物々交換」という方法しかありませんでした。

ただ、この方法だと相手も交換を望んでいないと交渉は成立しません。そこで、利用価値が高く保存の利く、貝や米、塩などが貨幣の代わりになりました。

その後、鋳造《ちゅうぞう》技術が発達すると金貨や銀貨が登場。日本の通貨である「円」は、明治時代に入ってから誕生しました。

memo

「貯」「財」「買」「費」「資」など、お金に関係する漢字に「貝」の字が使われているのは、もともと貝がお金だったことを表しています。

1 最初の取引は物々交換

お金が存在しなかった時代には、物々交換で品物をやりとり。交換するものが同じ価値であれば問題ありませんが、なかなかそうもいきませんでした。

2 通貨のはじまりは物品貨幣

時代が下ると、布や塩、お米などが交換の手段に用いられるように。これらを「物品貨幣」といいます。もっとも古い物品貨幣は貝でした。

3 金貨や銀貨が登場

軽くて丈夫で壊れず、価値も備わっている金貨や銀貨が、物品貨幣のあとに登場しました。戦国時代につくられた日本の小判は、金貨の一種です。

4 通貨が登場

通貨とは流通貨幣の略称。通貨を発行する国家の信用によって価値が変動するお金です。硬貨や紙幣などがあり、いわゆる現在使っているお金がコレです。

お金って誰が発行しているんだっけ？

お札は「日本銀行」、硬貨は「日本政府」が発行している

●紙幣は日銀、硬貨は政府が発行している

紙幣を見ると、「日本銀行券」と書かれています。日本では、紙幣は政府とは別の組織である日本銀行（日銀）が発行しています。日銀が紙幣を発行することは、「日本銀行法」で定められています。

お札をどれくらい発行するのか決める権限は、日本銀行の総裁にあります。日銀が紙幣を発行する権限を持っているのは、政府が政策を実行するためにどんどん紙幣を発行していくと、インフレになって経済が混乱してしまうためです。

一方、1円玉、5円玉、といった貨幣（硬貨）を見ると、「日本国」と書かれています。これは、日本国、つまり日本政府が硬貨を発行していることを表しています。硬貨は額面が小さく、その発行量が経済に与える影響は大きくないため、日本政府が直接発行しているのです。

1 紙幣の流れ

紙幣には「日本銀行券」と書いてあります。日本の紙幣は日本銀行が発行していることを意味しています。

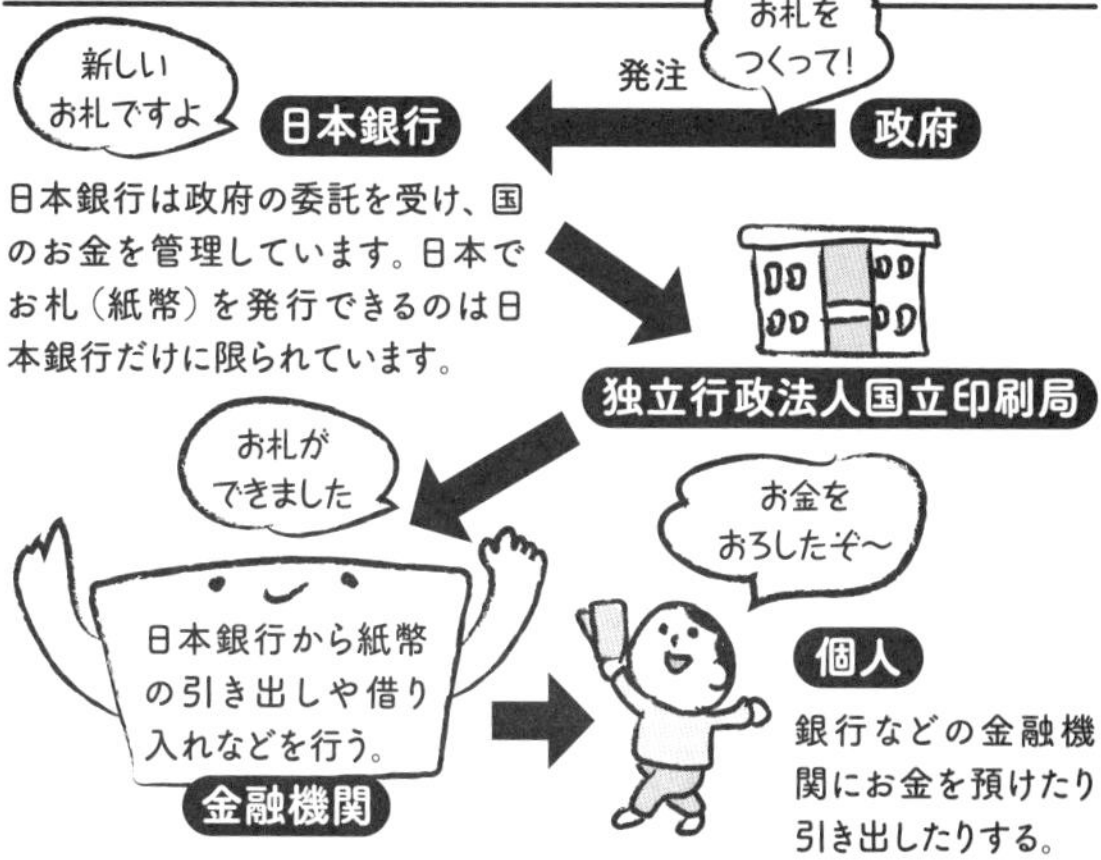

2 硬貨の流れ

紙幣よりも発行量が少ない硬貨は、経済への影響も小さいことから、日本銀行ではなく日本政府が発行しています。

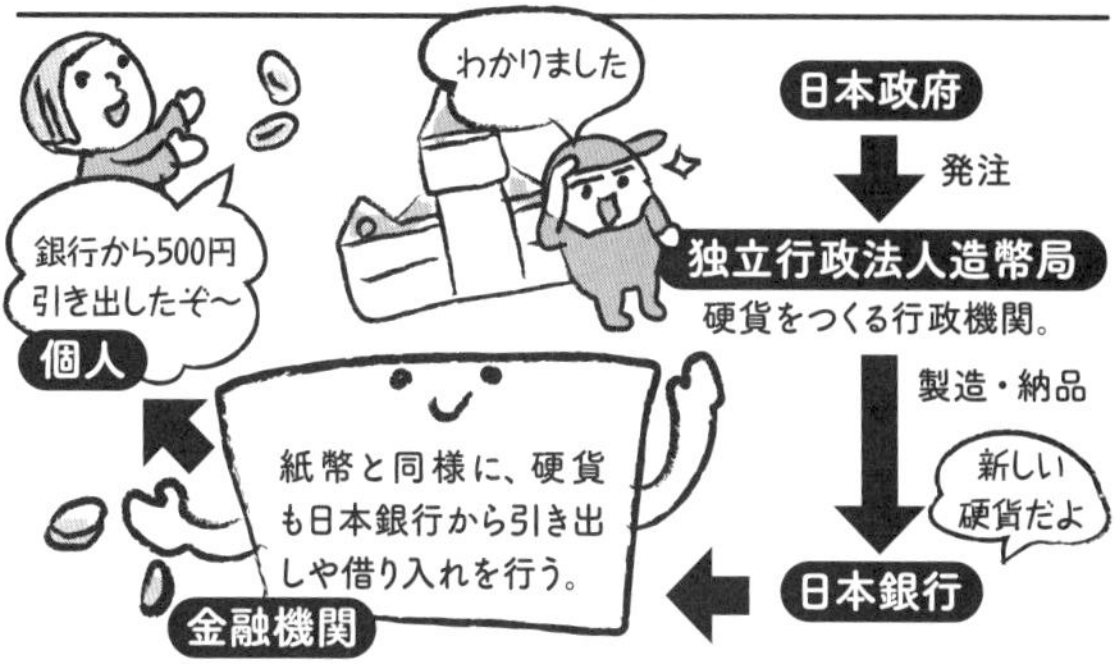

お金はモノの価値を数値化できる

お金には3つの役割がある

●お金は大切な3つの役割を持っている

お金には3つの役割があります。1番目は「交換」という役割です。お金の起源は「物々交換」の仲立ちでした。「買う」というのは「交換」のことです。お金はモノと交換できる機能を持っています。

2番目は「モノの価値の尺度」という役割。世の中で売られているモノやサービスにはすべて値段がついています。1カン100円のお寿司と1000円のお寿司とでは、1000円のほうがいいお寿司だと感じるでしょう。お金があることでモノの価値を数値化でき、どちらが高いか安いかがわかります。このようにお金には、モノの価値を決める物差しとしての役割があります。

3番目は、「価値を貯める」という役割です。食べ物などは腐ってしまえば価値が下がってしまいますが、お金にしておけば、価値を貯めておくことができます。ただ、お金の価値は「信用」がないと成り立ちません。

1 お金の役割① 交換

モノを買うということは、交換すること。お金を媒介させることで交換をスムーズにします。

骨付き肉が
1本500円だよ
うまそ～

2 お金の役割② モノの価値の尺度

青森産
1個200円
産地不明
1個100円

お金は、モノの価値の尺度としての役割を持っています。金額という尺度で、モノの価値を数値化することができます。

3 お金の役割③ 価値を貯める

食べ物は腐ってしまえば価値が下がります。お金は長く持っていても物価変動がなければ価値が変わらないので、貯めることができます。

だいぶお金が
貯まってきたな

memo | お金にはほかにも、持ち運びが簡単、細かく分けることができる、などの利点があります。

お金は3者の間をグルグル回っている

お金は社会の血液のようなもの

●お金の役割は世の中を回る血液のよう

お金は「社会の血液」といわれています。お金は「家計」「企業」「政府」という社会の3者の間を行ったり来たりして流れています。この「家計」「企業」「政府」が、世の中のお金の流れをつくる原動力になっています。

家計（個人）は働いて得た収入で家計をやりくりし、買い物をします。企業は、家計で消費されるモノやサービスを生産・提供しています。また家計は多くの場合、収入を得るために企業に労働力を提供し、企業は賃金を支払います。家計と企業は、政府（国や地方公共団体）に税金を払うことで、公共サービスを提供されています。このような3者の間によるお金の流れで、社会の活動が成り立っているのです。

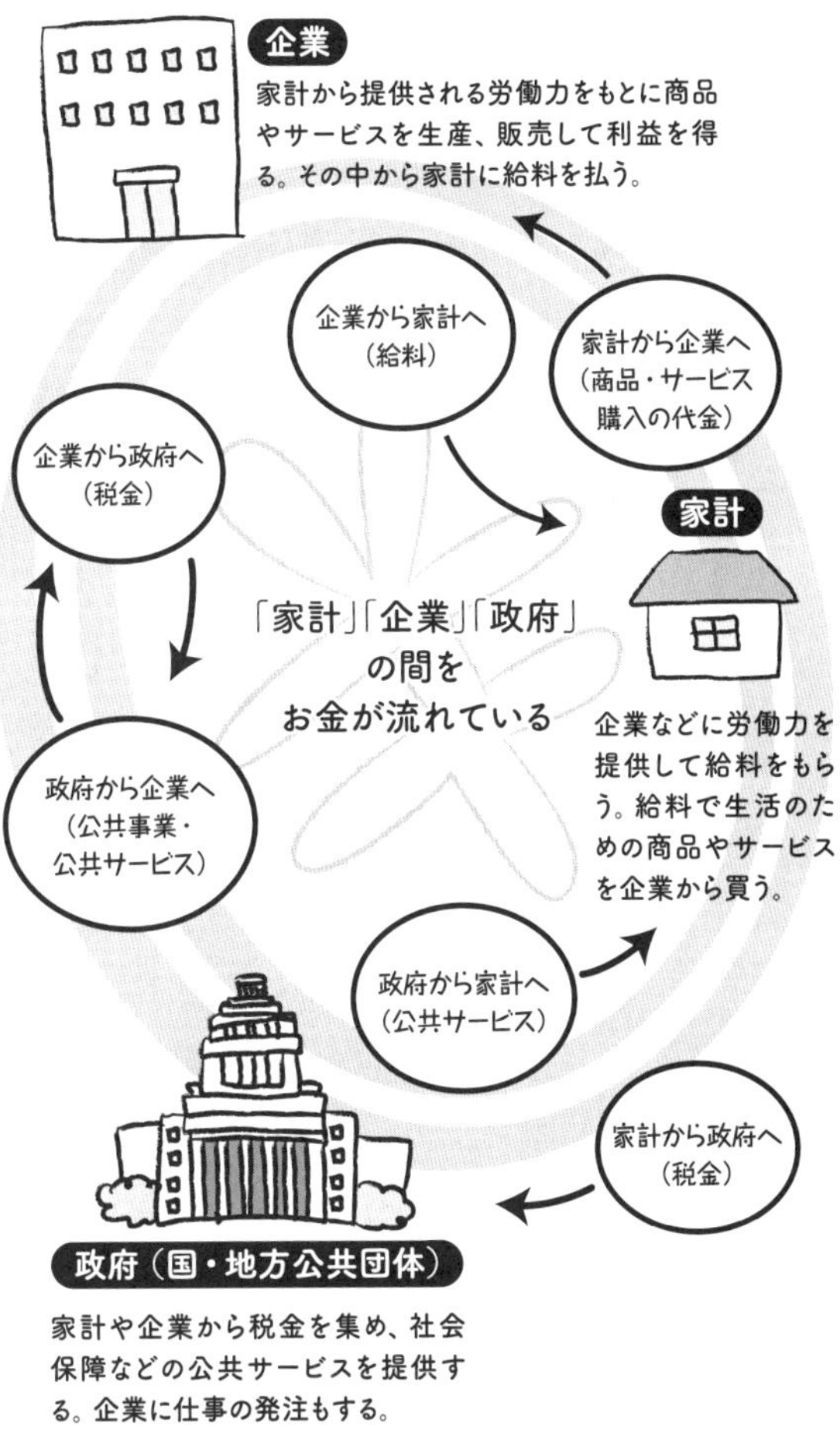
企業
家計から提供される労働力をもとに商品やサービスを生産、販売して利益を得る。その中から家計に給料を払う。
企業から家計へ（給料）
家計から企業へ（商品・サービス購入の代金）
企業から政府へ（税金）
家計
「家計」「企業」「政府」の間をお金が流れている
企業などに労働力を提供して給料をもらう。給料で生活のための商品やサービスを企業から買う。
政府から企業へ（公共事業・公共サービス）
政府から家計へ（公共サービス）
家計から政府へ（税金）
政府（国・地方公共団体）
家計や企業から税金を集め、社会保障などの公共サービスを提供する。企業に仕事の発注もする。

景気がいいと経済が元気になる

お金の流れが景気を左右する

●好景気になると国全体が潤って経済が元気になる

「景気がいい・悪い」とよくいいますが、景気とは、お金の流れを指しています。景気（お金の流れ）がいいと、給料が上がって買い物をたくさんします。すると、政府の税収が増えて国全体が潤って経済全体が元気になります。逆に景気が悪くなると、モノが売れなくなり、給料も下がって、国の税収も減り、経済が落ち込みます。景気は、よくなったり悪くなったりするものなのです。

1 好景気

お金がスムーズに流れている状態。消費が増えることで企業の利益が増えます。働く人の給料が上がるので、国や地方自治体の税収もアップ。

2 不景気

お金の流れが滞った状態。消費が減ることで企業の利益も減る。働く人の給料も減ってしまうので、国や地方自治体の税収もダウンします。

ワイワイ
いらっしゃ〜い!
お客さんが多くて忙しいな〜
税金がたくさん入ったぞ
わぁ、うれしい!
お小遣いあげるよ
いや〜、お金があるんで食べすぎちゃった

このままだと潰れちゃうよン
ヒュー
今日もお客さんが来ないな
職業安定所
押さないでくださ〜い
何か仕事はないのか
お金がなくて食べ物も買えないよ
勤めている会社が倒産しちゃったよ

インフレとデフレってどんな意味だっけ？

お金の価値は一定ではなく変化する

●お金の価値は、一定ではなく変化している

モノの値段は、多くの人がそのモノをいくらなら買うか、需給が一致するところで決まっていきます。モノの量（供給）より欲しい人（需要）が多いと、モノの値段は上がります。値段が上がっていくことをインフレーション（インフレ）といいます。インフレには、よいインフレと悪いインフレがあります。景気がよくて2％のインフレになり、給料が3％アップ。これはよいインフレです。一方、インフレなのに給料はそのまま。これは悪いインフレです。

逆に、モノの量（供給）が欲しい人（需要）よりずっと多いと、値段が下がります。社会全体で値下がりが続くことをデフレーション（デフレ）といいます。インフレやデフレが起こると、生活に大きな影響が出ます。モノの値段は一定ではありませんし、モノと交換するお金の価値は変化するものなのです。

1 需要と供給で価格が決まる

欲しい人の数（需要量）と商品の量（供給量）が釣り合うところでモノの値段が決まります。

2 需要が多い

商品の量（供給量）よりも欲しい人の数（需要量）のほうが多いと、高くても売れるのでモノの値段が上がり（＝お金の価値が下がる）ます。これがインフレです。

3 供給が多い

逆に欲しい人の数（需要量）よりも商品の量（供給量）が多くなると、モノの値段を下げないと釣り合いが取れなくなります（＝お金の価値が上がる）。このことをデフレといいます。

4「安ければいい」は間違い

供給する側の収入が減ってしまうデフレ。収入が減ればサービスの質なども下がるため、インフレよりも経済的な損失が大きいといわれています。

販売や製造、物流に関する費用が含まれる

モノの値段はどのように決まる?

●モノの値段にはいろいろな費用が含まれている

商品は製造から始まって、流通・販売など、多くの人の手を経て消費者に届けられます。そうしたコストもかかるため、私たちが品物を買うときの値段には、いろいろな費用が含まれています。

値段に含まれているのは、製造に関する費用、物流に関する費用、販売に関する費用、税金などです。販売に関する費用には、販売店の家賃やローン、光熱費、人件費、販売店の利益などが含まれます。製造に関する費用には、工場や機械などの費用や人件費、燃料費などが含まれます。物流に関する費用には、倉庫代や輸送費が含まれます。

また実際には、製造や輸送を複数の企業で行っていたり、製造と販売の間に卸会社(問屋)が入っていたりすることもあります。このように私たちが購入するモノの値段には、多くの費用が含まれているのです。

おにぎりの販売価格に含まれているもの

税金

販売価格に対して
消費税がかかる。

製造に関する費用

材料・機械・人件費・
燃料などの費用。

販売に関する費用

販売店の家賃や光熱費などの
費用・人件費・利益。

物流に関する費用

送料の費用・輸送費。

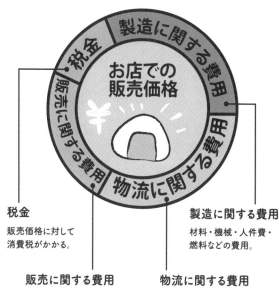

「サービス」にもお金を支払う

お金を払うのはモノに対してだけじゃない！

●お金を払ってもモノのやりとりがないのがサービス

私たちがお金を払って買うのは、かたちのあるモノだけではありません。お金を払うと提供される、モノ以外のものをまとめて「サービス」といいます。また経済では、モノのやりとりを伴わない業種を「サービス業」と呼びます。

買い物をすると買ったモノが手元に残りますが、お金を払ってスポーツ観戦に行った場合、終わったあとに手元には何も残りません。お金を払ったからといって、必ずしもモノのやりとりがあるわけではないのです。

病院や学校、ホテル、クリーニング店、理髪店などもお金を払って利用しますが、何かモノが手元に残るわけではありません。

世の中には「サービス業」に分類される業種は、たくさんあります。最近では、モノ消費よりもコト消費の人気が集まっているだけに、今後も新たな「サービス」が生まれることでしょう。

1 かたちのある商品（モノ）を買う

本を買う

2 かたちのない商品（サービス）を買う

ライブを楽しむ

何も残らない
かたちには残ってないけど楽しかった

お金を払うのは、何もかたちのあるもののためだけではありません。お金を払って買うことができる「モノ」以外のものを「サービス」といい、お金について考えるうえでの重要な尺度となります。

3 いろいろなサービス業

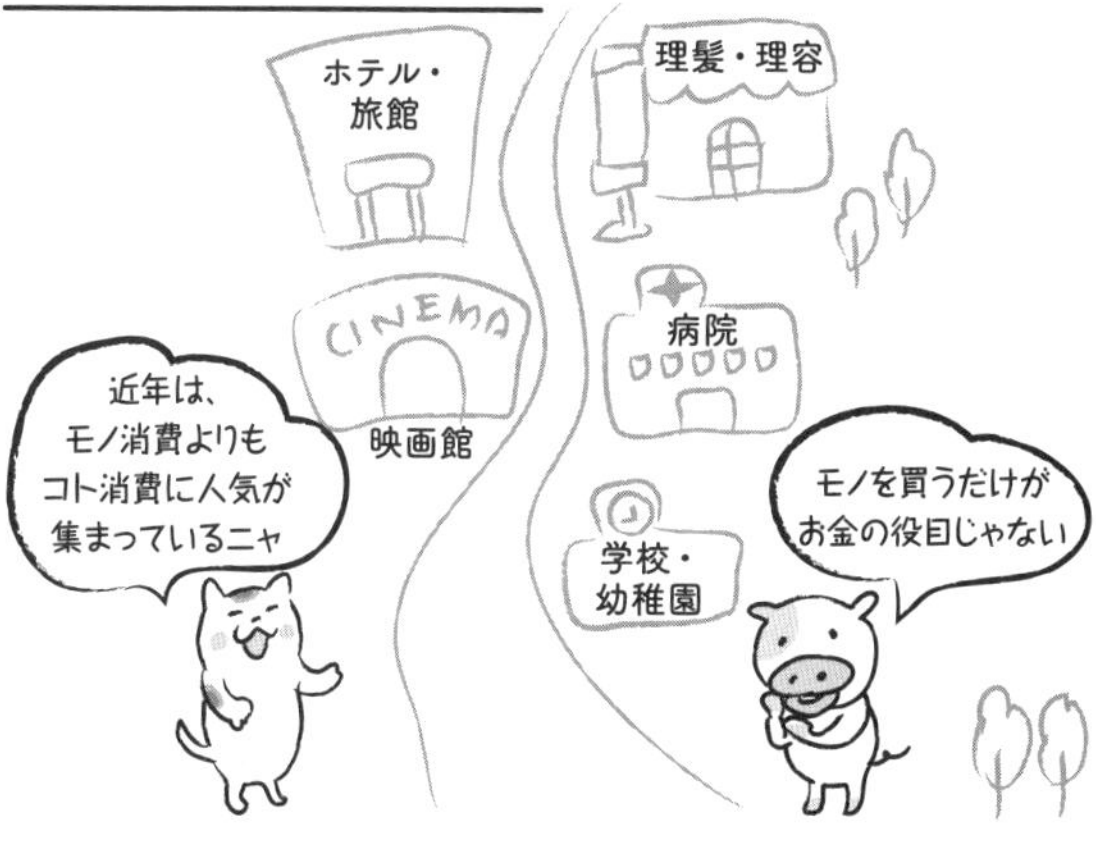
ホテル・旅館
理髪・理容
CINEMA
映画館
病院
学校・幼稚園
近年は、モノ消費よりもコト消費に人気が集まっているニャ
モノを買うだけがお金の役目じゃない

知っておきたいお金の6つの機能

稼いで使うだけがお金ではありません

●お金は生きていくための大切なツール

お金は自分らしい人生を実現するための大切なツールです。生活していくのに必要な衣食住、病気やケガのときの保障、老後の備えなど、お金は生きていくためには、なくてはならないものです。

しかし、ツールとしてのお金に関する機能と使い方を知らなければ、効率よく使ったり増やしたりすることができません。お金を有意義に活用するには、「金融リテラシー（お金の活用力）」を身につけることが大切です。

お金には「稼ぐ」「納める」「貯める」「使う」「備える」「増やす」という6つの機能があります。具体的にこれらのお金の機能を知ることで、お金の知識を得るだけでなく、効率よくお金を使ったり増やしたりできます。

お金の6つの機能

1 稼ぐ

生きていくには自分の能力で働き、お金を稼がなくてはなりません。

2 納める

稼いだお金の中から、社会を維持する費用として税金を納めます。

税金を
お納めください
うむ
国

3 貯める

稼いだお金は、銀行口座などに財産として貯めておくことができます。

ぐふふ、
けっこう
貯まったな

4 使う

生活必需品だけでなく、趣味や楽しみのためにもお金を使います。

このオモチャ、
前から欲しかった
んだよね～

5 備える

税金や保険料で、老後や病気、収入減などに、社会全体で備えるのが社会保障です。

6 増やす

お金は運用によって増やすことができます。いろいろな投資方法のメリットとデメリットを知っておきましょう。

投資して
増やすぞ～

ライフイベントにはお金がかかる

人生には大きな支出が存在する

●ライフイベントにはお金がかかることを知っておこう

結婚、出産、住宅購入など、人生のライフイベントには必ずといっていいほど大きな出費がともないます。結婚式にもお金がかかるし、家庭を持てばおたがいに協力して生活や家計をやりくりしていかなければなりません。住宅を購入すれば、頭金しだいでその後の支払金額に大きな違いが出てきます。子どもの教育費も、「公立か私立か」でコストは大きく変わります。大学の授業料もバカになりません。どんな人生にも、お金との関わりは欠かせません。

しかし、お金を使うだけではなく、将来の出費に備えてどうお金を管理していくか、これからどれくらい稼ぐことができるかなど、いくつもの視点からお金との付き合い方を捉えていくことが大切です。

人生100年時代といわれる現代。これまで以上にマネープランが重要になってきます。

ライフイベントはお金がかかることばかり

1 住宅購入

一生でいちばん大きな買い物です。頭金しだいで支払総額が変わります。

2 結婚

結婚式の費用だけでなく、新生活を始めるのに多くのお金が必要となります。

3 出産・子育て

子どもが自立するまで約20年、教育費をはじめたくさんのお金が必要になります。

4 保険加入

長い期間払い続ける必要があるため、総額は意外と大きくなります。

5 老後資金

公的年金制度はありますが、自分でも老後資金の準備が必要です。

お金に対する向き合い方が変わる
今どきのお金の捉え方を知っておこう

●時代の変化でお金の捉え方も変わってくる

日本は特にお金に関する教育が遅れているといわれ、海外と比べて投資や資産運用に関するリテラシーの低さが指摘されています。いまだに「投資は損をするから素人は手を出してはいけない」「お金は汗を流して働いて得るもの」といった、高度経済成長期に培われたお金に対する非常に偏った価値観が根強く残っています。

しかし、働いて得たお金も投資で得たお金も、その価値は変わりません。特に近年では終身雇用や年功序列の賃金制度が崩壊し、人口減少で年金制度の維持も危惧されています。お金との向き合い方が大きく変わっている昨今、これからお金とどう付き合うかは、すべての人にとって切実な問題といえます。

1 これまでのお金のイメージ

・大企業に就職すれば安定した収入が得られて安心
・節約は美徳
・額に汗して働いて得たお金は美しい
・子どもが生まれたら学資保険に加入する
・マイホームを購入すれば一人前
・資産運用はギャンブル
・住宅ローン以外の借金はしてはいけない
・お金の預け先は金融機関がいちばん
・年収が上がらなければお金を貯められない

大企業に
勤められれば
安泰だ

2 これからのお金のイメージ

・終身雇用や年功序列の賃金制度が崩壊
・公的な年金制度だけでなく私的な年金制度も活用する
・個人スキルの習得にお金を使う
・投資で得たお金も労働で得たお金も価値は同じ
・教育費を貯める選択肢は学資保険だけではない
・住居にとらわれない人生設計をする
・お金は寝かせておくのではなく働かせる
・年収アップと豊かさはイコールではないことを理解する

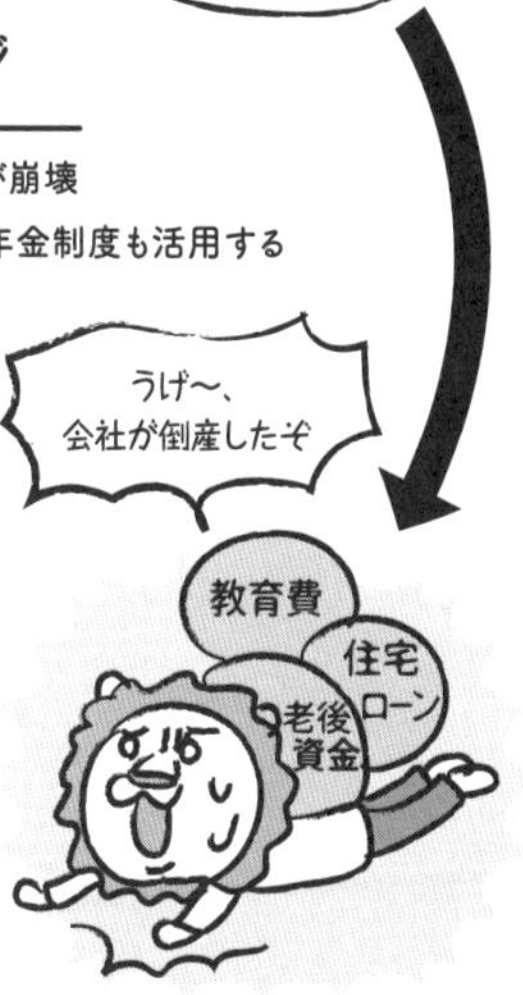
うげ〜、
会社が倒産したぞ
教育費
住宅ローン
老後資金

キャッシュレス時代のお金とは?

お金のかたちは今も変わっているんです

●お金はついにキャッシュレスや仮想通貨に変身!

近年、耳にするようになったキャッシュレス決済とは「現金を使わないで支払いを済ませること」。キャッシュレス決済の種類は、クレジットカード、デビットカード、Suicaやnanacoなどの電子マネー、各種プリペイドカード、QRコード決済、バーコード決済など、さまざまです。

仮想通貨(暗号資産)は、電子データのみでやりとりされる通貨で、法定通貨のように国家による強制通用力(額面で表示された価値で決済する効力)を持たず、主にインターネット上での取引などに使われています。

ちなみにキャッシュレス化の推進は、人手不足の解消や地方創生といった社会課題の解決策としても期待されています。

ただ、現金を持っていないのにお金が使えるということは、つい使いすぎてしまう場合があるので注意が必要です。

1 今はキャッシュレス時代

現金が手元になくても、キャッシュレスで支払いができるようになりました。身近なキャッシュレス決済には、次のようなものがあります。

とうとう
お金のかたちが
なくなったニャ

●スマホ決済
スマートフォンをかざすことで支払いが可能に。

●電子マネー
電子データで支払いができる。交通系ICカードやQRコード決済などがある。

●クレジットカード
いったんカード会社に立て替えてもらい、定期的にまとめてカード会社に支払う方法。

●プリペイドカード
金額が記録されたプリペイドカードを買い、お店ではプリペイドカードから代金が引かれる支払い方法。

●デビットカード
カードと銀行口座を連携させて、カードで支払いをすると同時に銀行口座から代金が引き落とされる。

ついに
かたちも国もない
お金ができたのか

紙幣や硬貨が
電子データに
変わったんだ

2 仮想通貨

法令上は「暗号資産」という。法定通貨ではなく、インターネット上で、電子データだけでやりとりされる通貨。ビットコインが有名。

COLUMN 01

日本でカード決済が普及しないのは偽札が出回っていないから!?

●日本の紙幣の信用は徹底した偽札対策にあり

偽札の歴史は紙幣の歴史でもあります。偽札が市中に出回ると、人々は手元のお札が本物かどうか疑心暗鬼にとらわれ、紙幣への信用がくずれて経済が混乱に陥ってしまいます。そこで偽札の流通を防ぐため、お札には偽造防止のさまざまな工夫が施されるようになりました。

「すかし」はその代表的な方法。光にかざすと、お札の白い部分に肖像画などが現れるものです。日本の紙幣には濃淡を表現できる「黒すかし」などに加え、コピーが不可能なマイクロ文字、数字や肖像が盛り上がった深凹版印刷《ふかおうはんいんさつ》、角度によって数字や絵が変化するホログラムなど、容易に偽造できない優れた技術が結集しています。

世界と比べてクレジットカード決済が普及しないのは、このように紙幣への安心度が高く、現金を使う人が多いためという見方もあります。

2章

お金の使い方のキ・ホ・ン

給料日前になるとお金がほとんどないという人は少なくないかもしれません。ただ、お金とのつながりは生きていくうえで切っても切れないものです。一生使うものだからこそ、浪費をせずに正しいお金の使い方をマスターしましょう。

家族構成や地域によって支出は変わる

日本で暮らすと大体いくらかかる？

●日本で暮らすのに必要なお金は地域により変わる

生活費には、毎月や毎年など定期的に支払わなければならない「固定費」と、生活の仕方によって変わる「変動費」があります。「日本で暮らす」といっても、住んでいる地域や家族構成などによって生活するのに必要な金額は違ってきます。大都市圏では食料をはじめとするモノの値段は高くなりがちです。また住む地域によって、豪雪や台風など自然災害の対策にもお金がかかります。

memo

生活費には、住居費や光熱費など、どんなに節約しても最低限かかってしまう「固定費」と、家具や被服などの生活の仕方によって大きく変わる「変動費」があります。支出に占める固定費の割合は、生活の豊かな先進国では小さくなります。

2人以上の世帯支出（1カ月）

食料、住居、光熱・水道、家具、家事用品、被服及び履物、保健医療、交通・通信、教育、教養、娯楽、そのほかで1カ月に29万865円かかります（全国平均）。（「家計調査（家計収支編）総務省統計局」2022年）

ムダな支出がないかチェックしよう

大人ならメリハリのあるお金の使い方をするべき

●必要な支出と楽しみの支出を分けてみよう

お金の使い道は、「生活していくために必要な支出」と「楽しみのための支出」に分けられます。使い道が貯蓄だったり、将来役に立ちそうなことだったりすればOKですが、何に使ったのかよくわからないようでは問題があります。自分が必要だと思っている支出が本当に必要なのか、お金を使う前によく確認してみましょう。

一方、節約してお金を貯めるには「楽しみのための支出」を抑えるべきだと考えがちですが、それは正しくありません。楽しみがなくなると、仕事や生活にも張り合いがなくなってしまうからです。重要なのは「楽しみのための支出」で本当に楽しめたかどうかです。お金を払った価値がないと思えたら、別の方法を検討しましょう。

大人ならメリハリのあるお金の使い方をしたいものです。

1 お金の管理ができない人

お金が入ったら入った分だけ使ってしまうのは、お金の管理ができない人。将来を見据えて、計画的にお金を使いましょう。

2 お金の管理ができる人

手取額から貯蓄をして、残りのお金で必要な支出と楽しみのための支出をまかなえる人は、お金の管理ができる人です。

支払い方は現金だけではありません

支払い方の違いを知っておこう

●支払い方には前払い・同時払い・後払いがある！

最近増えているキャッシュレス決済。支払い方を分けてみると、「前払い」「同時払い」「後払い」の3つのタイプがあります。前払いタイプは、事前にチャージしておくプリペイド型電子マネーが多く使われています。チャージには現金やクレジットカードを使います。

同時払いは、キャッシュレス決済かデビットカードの場合です。デビットカードは、銀行口座に紐《ひも》付いているので、1口座1枚のみ。残高の範囲でしか使えません。

後払いは、クレジットカードに代表されます。手元にお金がなくても使えますが、後日使った分の請求が来るので、予算をしっかりと決めて管理することが大切です。クレジットカードは、カード会社に発行を申し込みますが、収入などによって、カードをつくれない場合もあります。

1 前払い

お金を
チャージ
しておこう
支払いは
PASMOで
お願いします

事前にチャージなどをしておくのが前払いです。Suica、PASMO、nanaco、WAON、楽天Edy、LINE Payなどのプリペイド型電子マネーが該当します。

2 同時払い

支払いは
デビットカードで!

購入と同時にお金が減るのが同時払いです。ほとんどの銀行カードがそのまま使えるJ-Debitや、カード会社と銀行が連携しているVisaデビット・JCBデビットが該当。現金も同時払いです。

3 後払い

クレジットカードで
支払います

後払いは
しっかり請求書を
確認しないとね

購入の後日にまとめて請求が来るのが後払いです。クレジットカードやポストペイ型電子マネー、水道やガスなどの銀行口座の引き落としが該当します。スマホのキャリア決済も後払いになります。

memo | クレジット払いは、借金と同じ。考えないで使っていると、後日驚くような請求が来ることもあるから、注意が必要。

クレジットカードについて知っておこう

クレジットカードの使用は正しくスマートに

●無計画にカードを使うと返済ができないことも

クレジットカードは「借りたお金をきちんと返す」という信用に基づいてカード会社と利用者が契約して発行されたものです。ただし、クレジットカードの場合、手元に現金がなくても支払いができるという手軽さの反面、いくら使ったかをしっかりと考えずに使うと、返済ができなくなることもあります。

支払い方には大きく分けて「一括払い」「分割払い」「リボルビング（リボ）払い」があります。3回以上の分割払い、リボ払いには手数料がかかります。一方でクレジットカードの場合、払った額に応じてポイントがつくというメリットもあります。通信費や水道光熱費などの固定費をカードで払うと、着実にポイントが貯まります。

1 クレジットカードのメリット

2回までなら
手数料が
かからないんだ

クレジットカードには、多額の現金を持ち歩かなくていい、手元に現金がなくても買える、ポイントが貯まるなどのメリットがあります。

2 クレジットカードにかかる手数料

翌月に一括して払う一括払い、翌月と翌々月に支払う2回払い、ボーナス時に一括で支払うボーナス払いには手数料がかかりません。3回以上の分割払いやリボ払いには手数料がかかります。

お金の管理ができない人には、
クレジットカードを使うのは
オススメできないよ

3 クレジットカードのよい使い方

クレジットカードは後払いなので、毎月請求書が届いたらしっかりと管理しましょう。また、3回以上の分割払いやリボ払いは手数料がかかるので、なるべく使わないほうがいいでしょう。

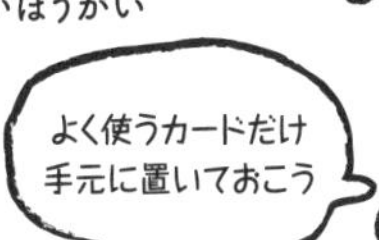
よく使うカードだけ
手元に置いておこう

4 注意点

クレジットカードは何枚でもつくれますが、使うカードは1～2枚に決めておきましょう。たくさんカードを使うと管理するのが難しくなります。

分割払い、リボ払い、キャッシングに注意
お金がないときの支払い方とは？

●どうしてもお金が必要なときはどうしたらいい？

クレジットカードは後払いなので、クレジット払いは借金をするのと同じです。さらに手数料が高い分割払い、リボ払い、キャッシングを利用しすぎると借金を積み重ねてしまうことにもなりかねません。支払いはなるべく一括払いにするといいでしょう。

車や住宅購入など、手持ちのお金よりも高額な買い物をするときは、なるべく金利の低いローンを選んで組むようにします。

memo

リボ払いは、毎月の支払い設定額に応じた支払いが可能です。ただし、設定額が低いと金利が発生し、残高がなかなか減らないというデメリットがあります。

分割払い、リボ払い、キャッシングの違い

1 分割払い

分割払いは買い物ごとに「支払い回数」を指定する支払い方法です。

3回以上の分割払いには、最大で20%の金利が発生します。

金利が
高いなぁ

2 リボ払い

「毎月の支払額」を指定できるのがリボ払いです。リボルビング払いともいいます。

買ったはいいけど、
支払えないかも～

3 キャッシング

キャッシングとは、銀行やコンビニのATMなどでお金の借り入れができるサービスです。

完済
毎月1万円の返済にしたら、残高がなかなか減らないじゃないか

キャッシングにも毎月の返済額に加えて、金利が上乗せされます。お金は計画的に使いましょう。

使い方⑥

人生設計にはローンはつきもの

高額なものを買うときは賢くローンを利用する

●高額なものを買うときにはローンを利用する

住宅や自動車など高額のものを買うときには、ローンを組んだりクレジットカードのキャッシングを利用したりすることがあります。ローンもキャッシングもお金を借りる「借金」であることには変わりありません。

欲しいものがすぐに手に入るからといって、安易に利用すると、あとで返済に困ってしまいます。住宅や自動車など高額なものを買うときにローンを組むなら、月々どうやって返済をしていくかを、事前にきちんと考えておかないといけません。

しかし、ローンを組むことが悪いというわけではありません。現金で家や自動車を買えるほど貯金するには時間がかかるので、ローンを利用する人は少なくありません。主な個人ローンには、住宅ローン、自動車ローンなどがありますが、金利や月々の負担額を確認しておきましょう。

1 ローンとは?

住宅や自動車などを買うとき、銀行などからお金を借りて毎月決まった額を返済する契約を結ぶことを「ローンを組む」といいます。

2 住宅ローン

住宅を購入する際のローン。国の経済状況によって金利が変動する変動金利と、金利が一定の固定金利が選べます。

3 自動車ローン

車を買うときに必要な金額を借りて、一定期間内に毎月分割で返済するローン。金利は1%から10%とさまざまで、10年以内の返済期間のものが多いです。

毎月の支払額は少なくてもローンは借金。ローンを組む場合は、返済の計画性が何よりも重要です。

4 教育ローン

銀行などの金融機関が個人を対象に行う、お金の使途を教育関係に限定したローン。入学金や授業料、受験費用などが対象となります。

住宅ローンや教育ローンは銀行で申し込める。金利が安いのが特徴。

ローンにもいろいろな種類がある
消費者金融とカードローンのしくみとは？

●カードローンの種類によって金利が違う

かつて消費者金融は「サラリーマン金融（サラ金）」と呼ばれ、多額の借金をして返済しきれない多重債務者を生み出しました。現在では消費者金融は「貸金《かしきん》業法《ぎょうほう》」で規制され、借りすぎ・貸しすぎの防止、上限金利の明確化、取立行為の罰則などが決められています。

貸金業法には「総量規制」という決まりがあって、年収の3分の1を超える金額を貸し付けることはできません。

カードローンとは、カード会社などの貸金業者や金融機関が行っている個人向け融資サービスで、専用のカードを使ってATMや現金自動支払機からお金を引き出すことができます。担保が不要で、最初に設定した利用限度額の範囲内であれば何度でも借入・返済ができます。

金利の高さは、消費者金融、カードローン、銀行ローンの順番になっています。

1 銀行のローンと消費者金融の違い

銀行は「銀行法」、消費者金融やカード会社は「貸金業法」で規制されている金利に違いがあります。消費者金融は、年収の3分の1までの貸し付けが可能となっています。

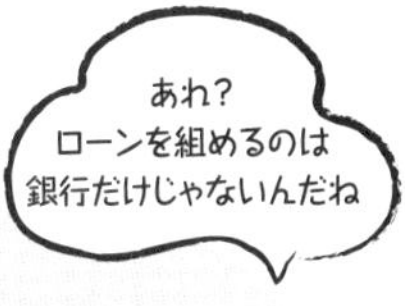
あれ？
ローンを組めるのは
銀行だけじゃないんだね

消費者金融でも
ローンを組んだり、
キャッシングも
できたりするよ
銀行
ニコニコ
ローン

2 カードローンとは？

専用のカードを使ってATMやCD（現金自動支払機）でお金が借りられるサービス。消費者金融系カードローン、銀行系カードローン、信販・クレジット系カードローンがあり、消費者金融系カードローンのほうが銀行系や信販系のカードローンよりも金利が高くなっています。また、利用時には個人の支払い能力に応じた限度額が設定されています。

3 危険なローン

毎月の生活費はギリギリなのに、高額なものを買うためにローンを組むのは非常に危険です。特に消費者金融やカードローンでお金を借りる場合は、金利が高いので注意が必要です。

お金が借りられるなら、
どんどん借りちゃおうかな
それはとても
危険だよ

4 安心なローン

銀行はローンを組む際の審査が厳しく、毎月の生活に余裕がある分しか貸し付けを行いません。また、金利も安いので安心なローンといえます。

家族のマネープランを立てよう

結婚したらお金の使い方が変わります

●結婚する前にお財布事情をオープンに

結婚すると、お金のやりくりが変わってきます。それまで別々だった収支が「世帯」としてひとつになり、住居費や水道光熱費などの生活費、将来の住宅購入費や、子どもの教育費などを協力して支払っていかなければなりません。

大切なのは、おたがいにお金に対する考え方やお財布事情を最初にオープンにすることです。夫婦とはいっても、これまでの生活スタイルや性格は違います。収入や資産の額、借金があるかないか、これからどんな生活をしたいか、家計管理、共通のお財布として使う銀行口座、勤務先の福利厚生の制度など、これから一緒に人生を歩んでいくうえで大切なマネープランを話し合いましょう。

結婚すると、負担が軽くなる分、計画的に貯蓄しやすくなります。将来を見越したマネープランを立てることが大切です。

結婚前におたがいのお財布をオープンにしましょう。これから人生を一緒に歩んでいくうえでお金の管理は大切です。

結婚後の家計管理は共働きか、どちらか一方が働くのかで変わってきます。収支のタイプにかかわらず、デメリットがあれば家計の状況を夫婦で共有することで補い合っていきましょう。

結婚すると、住居費、水道光熱費、食費、貯蓄がひとつになるため、家計の負担が減り、貯蓄しやすくなります。

月に一回は2人で収支、貯蓄、生活費の状況を確認して共有しましょう。

自分たちに合った予算を立てよう

結婚式や新生活には600万円かかる

●結婚や新生活には平均総額600万円必要になる

結婚情報誌「ゼクシィ」の2019年「結婚トレンド調査」によると、新婚旅行などを含めた結婚資金総額の全国平均は約432万円。さらに、新居で新生活を始める場合、必要な費用は賃貸の初期費用や引っ越し代、家具や家電の購入費などで約150万円。

つまり、結納から新居で生活を始めるまで、平均で約600万円のお金がかかるということになります。

もちろんご祝儀などの収入があれば一部はまかなえますが、何にこだわり、何を削るかを2人で考え、自分たちに合った予算を立てることが大切です。結婚式で預貯金を使い切ってしまうことなく、その後の生活を考えて、予算内で収めるようにしましょう。

1 結婚には費用がかかる

披露宴、新婚旅行、指輪など、結婚には多額の費用がかかります。結婚資金総額は全国平均で約432万円かかっています。

披露宴だけで
300万円は必要ですね
そんなに
かかるの!?

このソファは
10万円になります
高くて
買えないよ

2 新生活にも費用がかかる

インテリア、家具、家電など、新しい生活を始めるための費用が必要です。平均総額は約150万円といわれています。

3 家族婚

披露宴の費用を抑えたい場合は、知人や友人を招待せず、親族だけで行う家族婚もあります。

4 引っ越しを延期

新生活を始めるのが費用的に難しければ、引っ越しを延期する手もあります。どちらかの親と同居したり、どちらかが住んでいた家に一緒に住んだりして、必要な費用を貯めましょう。

引っ越しは
先延ばしに
しようか
そうね

分娩《ぶんべん》入院費は「出産育児一時金」でまかなえる 出産っていくらかかるの？

●出産費用は出産育児一時金でまかなうことができる

出産は病気ではないので、健康保険は使えません。そのため全額自己負担ですが、分娩入院費はほぼ「出産育児一時金」でまかなうことができます。また会社員なら産休・育休の期間は社会保険から給付金を受け取ることができます。

妊婦健診や不妊治療費の一部助成制度、出産祝い金など、自治体独自に行っている補助もあります。住んでいる自治体によって異なるので確認しましょう。

高額になりがちなのは、里帰りして出産する場合の交通費、ベビー用品、お宮参りや初節句などの行事費です。ベビー用品などは使う期間が限られるので、先に出産した友人に譲ってもらったり、レンタルなどを利用したりするのも手です。また、ルナルナベビーなどのアプリで妊婦さん同士で相談してシェアするのも一案です。

1 妊婦健診の受診

妊娠が確定すると、定期的に妊婦健診を受けることになります。各自治体が発行している受診券を使って出費を抑えましょう。

2 出産には費用がかかる

子どもが生まれると、ベビー用品、里帰りの交通費、行事費、内祝いなどのお金がかかります。

3 出産育児一時金

申請すると健康保険から「出産育児一時金」が支給されるので、出産費の自己負担はかなり抑えられます。

4 申請して50万円

出産育児一時金は、会社員なら加入している健康保険組合、専業主婦なら夫の健康保険組合、国民健康保険なら各自治体から支払われます。金額は1児につき50万円です。

使い方⑪

子どもが自立するまでにお金がかかる

養育費にかかるお金を知りたい

●子ども1人を大学まで出すと2000万円かかる

子どもを育てる費用には、食事や衣服など生活のための養育費と、学校の授業料などの教育費がかかります。

養育費は年間平均80～100万円、教育費も合わせると、大学を卒業するまでに、子ども1人あたり2000～3000万円かかるといわれています。

子育てを支援するために、子育て世帯には児童手当などの助成があるので、それらを上手く使っていくことが大切です。

memo

子どもが私立大学の医歯薬系学部に入学すると、国立大学の3～9倍の学費が必要になります。

1 子どもの年間養育費

子ども1人あたりの年間養育費は、乳児で81万円、保育園児・幼稚園児で114万円、小学生で84万円、中学生で97万円かかります。保育園児、幼稚園児を除いて、子どもの成長と比例して、養育費は高くなります。

2 高校卒業までの学費

子どもが高校を卒業するまでの学習費は、すべて公立だと574万円、幼稚園のみ私立だと620万円、高校のみ私立だと736万円、幼稚園と高校が私立だと781万円、小学校のみ公立だと1050万円、すべて私立だと1838万円かかります。

3 専門学校・大学の初年度の学習費

子どもが大学や専門学校に入学した場合、初年度の納付金の平均は、国立大学だと82万円、私立大学文系だと117万円、私立短大だと112万円、専門学校だと128万円になります。

国立大学（82万円）
私立大学文系（117万円）
私立大学理系（154万円）
私立短大（112万円）
専門学校（128万円）

すべて公立（574万円）
幼稚園のみ私立（620万円）
高校のみ私立（736万円）
幼稚園と高校が私立（781万円）
小学校のみ公立（1050万円）
すべて私立（1838万円）

※文部科学省「子供の学習費調査」（令和3年）

高校以降の進学費用を貯めておこう

大学の教育費は4年間で479万円以上かかる

●子どもができたら教育費をコツコツ積み立てしょう

子どもにかかる教育費は、義務教育である小・中学校までは生活費の一部でまかなうことができます。高校生になってからも、高等学校等就学資金援助があるので、公立ならこれで授業料をまかなうことができます。

しかし、子どもが私立高校、専門学校、大学に入学するときには、まとまったお金が必要になります。

大学生にかかる教育費は、国公立か私立か、自宅通学か下宿かでも差があります。国立大学で自宅通学の場合の教育費は4年間で平均約479万円、下宿の場合だと約813万円となっています。私立文系だと自宅通学で約667万円、下宿で約972万円。私立理系だと自宅通学で約806万円、下宿で約1111万円かかります（生命保険文化センターの調査より）。

前もってコツコツと積み立てて、準備しておきましょう。

1 いつ貯める…

子どもの教育費は、妊娠がわかったときから考えておきましょう。教育費が高くなるのは、高校以降。2人以上の子どもが同時期に大学生になると、教育費は年間200万円を超えます。

大事なことだよね
生まれる前から教育費のことを考えなきゃ

学資保険は途中でやめると元本割れするよ
NISAは非課税なのね

2 貯めるなら…

子どもが小学生のときは、教育費を貯めるのに絶好の時期。安全確実な学資保険やNISAも考えてみましょう。

借りるというのも手だね
奨学金や教育ローンもあるのね

3 足りなければ…

貯めていた教育費が目標額に届かなかったら、給付型か貸与型の奨学金、それでも足りない場合は、国の教育ローン、民間の教育ローンを考えます。

使い方⑬

人生最大の難関？

持ち家か賃貸か、どっちがお得なの？

●住宅に何を求めているかを考えてみよう

家は買ったほうがいいか、借りたほうがいいか。それを決めるには、まず自分たちが住宅に何を求めているのかを考えてみるといいでしょう。そのためには「通勤に便利な都心がいい」「自然環境の豊かなところに住みたい」「子どもに資産を残したい」など、住宅に求める条件を箇条書きにして、優先順位を決めましょう。

住宅を買うか借りるかを同じような住宅で試算してみると、総支出額にそれほど大きな差はありません。購入した場合、住宅ローンの金利が上がれば支出が増えますが、土地の価格が上がれば、資産価値も上がります。

賃貸は、収入や家族の状況に応じて住み替えることができ、支出を調整することができます。どちらにしても、資金を貯めておけば選択肢を広げることができます。

1 持ち家のデメリット

住宅の購入時には、購入金額以外に税金や手数料、保険料などがかかります。また購入後には固定資産税がかかるうえ、修繕費も自己負担です。

持ち家は
あこがれるけどね

2 賃貸のメリット

賃貸のメリットは、維持費がかからないことです。入居時は家賃の4～5カ月分を用意しておきましょう。最近では敷金・礼金なしの物件もあります。

買うか借りるか
どっちが得かなあ
買うとなると
いろいろなお金が
かかるわね

3 住みたい場所を優先する

住宅を購入するときは、まず住みたいエリアの相場を調べましょう。予算によっては新築の予定が中古になるかもしれません。自分が住宅に求めるものを再確認し、最良の物件を探しましょう。

中古物件しか
ないけどいい？
自然の豊かな
場所に住みたいニャ

財産分与や親権者、養育費などを決める

離婚してしまった場合のお金の問題

●離婚が決まったら共有財産を分ける財産分与を行う

もし離婚することになったら、婚姻期間に夫婦で得た共有財産をどのように分けるか（財産分与）を話し合いましょう。

妻が専業主婦で収入はなく、預金口座の名義が夫でも、基本的に財産は折半されます。ただ、分与される財産は「結婚している期間に築いた財産」だけで、結婚前に築いていた資産や離婚後に増えた資産は含まれません。

２００７年から始まった制度として「年金分割」があり、厚生年金へ支払った保険料も夫婦の共有財産とするもので、婚姻期間中に支払った分の年金の上限50％まで妻が受け取ることができます。子どもがいる場合は、どちらが育て、養育費をどうするかも相談します。離婚時に曖昧なままにせず、きちんと取り決めることが必要です。夫婦のどちらかに明らかに離婚の原因がある場合は、精神的苦痛を受けた側が、離婚の原因をつくったほうに慰謝料を請求することができます。

1 財産分与

離婚が決まったら、財産分与を話し合います。婚姻していた期間に夫婦で得た共有財産は原則として2分の1ずつに分割します。金融資産、家具・家電、車なども対象になります。

ぼくたち、離婚しよう
そうしましょう

2 事前準備

離婚するときには、事前の準備が必要です。離婚・別居するときには引っ越し代、家具・家電代、子どもの転校、当面の生活費、場合によっては弁護士費用などがかかります。

3 慰謝料

夫婦のうち、片方に離婚の原因がある場合、精神的苦痛を受けた側が慰謝料を請求できます。

あなたに慰謝料を払ってもらうわよ!

4 養育費

子どもがいる場合は、どちらが育てるか、養育費をどうするかを話し合います。養育費は子どもが自立するまで、親権者になったほうが受け取ります。

死んでからもお金はかかる

葬儀にかかる費用はどのくらい？

●**葬儀の費用は葬儀のやり方で大きく変わる**

葬儀は、葬儀の種類や宗教・宗派など、いろいろな条件によって違ってきます。

一般的な仏式の葬儀の場合、その内訳は、葬儀にかかる費用、寺院に支払う費用、飲食費・接待費用の３つに分けられます。葬儀費用の場合平均で、１２０～２００万円程度、寺院関係に支払う費用は50万円以上、飲食費などは50万円程度です。

また同じ宗教でも葬儀の種類や形式はさまざまです。もっとも費用が高額になりやすいのは葬儀費用で、通夜や葬儀の祭壇や会場費、式場設備、棺や寝台車なども含まれるので、高額なものを選ぶとどんどん費用が高くなります。

もしものときのために、事前に調べておくといいでしょう。

1 葬儀の3大費用

葬儀費用一式、寺院などに支払う費用、参列者にふるまう飲食・接待費を葬儀の3大費用といいます。どのくらいの規模でどういった内容の葬儀を行うかで、費用が大きく違ってきます。

2 寺院と相談

仏式の場合、読経料や戒名料が発生します。金額は宗派や依頼する寺院によっても違うので、葬儀の前に寺院と相談しておきましょう。

3 葬儀費用の確認

葬儀は支出も大きくなりますが、香典などの収入もある程度見込めるため、それも加味して費用の目安にするといいでしょう。また、各種健康保険組合からの給付もあります。

COLUMN 02

安けりゃいいってものではない！コスパ重視こそが大人のお金の使い方

●激安価格だったとしても安易に手を出すのはNG

スーパーや衣料品店で、激安商品が並んでいると、つい手に取ってしまいがち。「安いのだから買ったほうが得なのでは？」と思う人がいるかもしれませんが、重要視すべきは値段よりもコスパです。

コスパはコストパフォーマンスの略で、払ったお金（コスト）に対して、どれだけの価値や効果があったかという割合を示す言葉です。

たとえば、1枚100円のTシャツと、1枚5000円のTシャツが売られていたとします。値段的には100円のTシャツのほうがお得に見えますが、質が悪くて1回着ただけで着られなくなり、5000円のTシャツは100回着ても何の問題もなかったとします。その場合、長い目で見ると、5000円のTシャツを買ったほうが得といえます。お金を貯めたい、上手にお金を使いたいという人は、コスパを考えるクセをつけるといいでしょう。

3章

お金の貯め方のキ・ホ・ン

老後には年金以外に2000万円のお金が必要といわれる昨今。なかなかお金が貯まらない！　と、焦っている人も多いのではないのでしょうか。そこで、本章では大人なら知っておきたい「お金の貯め方」について紹介します。

なぜお金を貯める必要があるのか!?

お金を貯める目的を明確にしよう

●理想の人生を実現するためにお金を貯めよう

突然の病気やケガで働けなくなり、給料をもらえなくなってしまった場合、ある程度の蓄えがないと困ります。また、働いていたとしても、結婚や出産、子どもの進学、住宅の購入など、人生には大きな支出が必要とされるライフイベントがいくつもあります。

幸せな人生設計には、お金が欠かせません。それには貯蓄の必要性を理解し、計画的にお金を貯めることが重要です。

いつ病気になるかわからないから貯めておこう

③ 将来の出費のため

車を一括現金払いで買いたい
結婚式の費用を貯めておこう

1 3つの目的

お金を貯めるのには、大きく3つの目的があります。1つ目は予期せぬ事態に備えるため。2つ目は大きな買い物をするため、3つ目は将来の出費に備えるためです。

① 予期せぬ事態に備える
病
② 大きな買い物のため
将来、絶対に家が必要になるよなぁ
そうね

2 貯金の目的は年代によって異なる

若いときは若いなりの、年老いたときは年老いたときの貯金の目的があるので、今から確認しておきましょう。

20代

20代は結婚や住宅購入のために貯蓄が必要になります。

30～50代

収入が増える30～50代は、出産、子どもの教育費、住宅購入費（住宅ローン）など高額な支出が多くなります。収入が増えても貯蓄に回す努力が必要です。

60代以降

60代以降は、住宅ローンの完済、子どもの自立などで支出は減りますが、収入も減るため貯金も思うように増えません。

いくら貯めるのが理想的？

手取りの2割を貯蓄しよう

●毎年の貯蓄額は手取りの2割を目安に！

お金は一度に貯めることはできないので、コツコツと貯めていくのが貯蓄の基本です。

では、収入のうちどれくらいを貯めればいいのでしょうか。実際にはなかなか難しいかもしれませんが、夫婦共働きの場合、目安としては年収（手取り）の2割を貯蓄しましょう。2割というのは、まず住宅など大きな買い物のために1割、老後資金のために1割です。

毎月の収支がプラスマイナスゼロなら、ボーナスで年収の2割を貯蓄するなど、そのときの状況に応じて貯蓄します。住宅購入の頭金や教育費は、貯めたお金から払うようにしましょう。また毎年必ず2割を貯蓄しなくても、住宅購入の頭金や教育費などで大変な時期は無理をせずに、1割のときがあっても、あとで増やすこともできます。貯蓄は長いスパンで考えることが必要です。

どのくらいずつ
貯めていけば
いいのかニャ?

1 目安は年収の2割

夫婦なら手取り年収の2割を目安に貯蓄しましょう。住宅購入の頭金などに1割、老後資金のために1割です。

よーし、
貯めるぞ〜

2 目標を設定する

大きな支出になる結婚、出産、子どもの教育費、住宅購入などのために、いつまでにいくら貯めるという目標を決めておきましょう。

現役時代から
貯めないと
足りないね
ずっしり

3 年金だけでは足りません

65歳でリタイアして収入が公的年金だけだとすると、90歳までに2000万円以上のお金が足りなくなるともいわれています。

まず目標貯蓄額を設定しよう

確実にお金を貯められる「先取り貯蓄」をしよう

●確実にお金を貯めるには先取り貯蓄をしよう

貯蓄が得意な人もいれば、苦手な人もいます。貯蓄ができる人には、自分の手取り年収がわかる、去年貯めた金額をすぐにいえる、貯金の目標額と、毎月の貯金額を決めている、毎月給料から積立分を天引きしている、家計簿をつけている、銀行のクレジットカードの明細をこまめにチェックしている、などの特徴があります。

きちんと貯められている人は今のペースを維持し、なかなか貯蓄ができない人や、もっとお金を貯めたい人は、年間の目標貯蓄額を決めるといいでしょう。

毎月の給料の振込額から自動的に積み立てができる積立定期預金や、会社の財形貯蓄などを利用し、「先取り貯蓄」をして、残ったお金で生活するのが、確実に貯める方法です。まずは毎月の収入から、無理のない金額を設定してみましょう。

貯蓄ができる人の特徴

去年貯めた金額をすぐにいえる。

自分の手取り年収がわかる。

銀行のクレジットカードの明細をこまめにチェックしている。

家計簿をつけている

貯金の目標額と、毎月の貯金額を決めている

貯蓄が苦手な人は何をすべきか？

財形貯蓄

会社が給料から天引きして、特定の金融機関に貯蓄する制度。財形貯蓄を行っていない会社もある。

先取り貯蓄

貯蓄が苦手な人は、給与振込口座から自動振替で貯蓄できる積立定期預金や会社の財形貯蓄などの「先取り貯蓄」を利用してみるのもひとつの手。自分の収入から貯蓄に回す金額を設定できるので、無理のない金額を貯蓄に回してみましょう。

家計簿でムダや使いすぎの見直しを

家計簿をつけてやりくり上手になろう

●家計簿の目的は家計のムダを見直すこと

家計の収入と支出などを記入する帳簿のことを家計簿といいます。家計簿をつけると、何にいくら使ったかを記録できるので、使いすぎなどに気づきやすくなり、自然とムダな支出が減っていきます。さらに、家計簿をつけていくと、今の収支をもとにして今後の支出や貯蓄についての計画が立てやすくなります。

家計簿はまず続けることが大事です。しかしながら、面倒であるがゆえに、なかなか続かないという人が多いのも事実です。昔はノートタイプの家計簿に手書きしていましたが、今ではＥｘｃｅｌやスマホのアプリなどで、簡単に家計簿をつけることができます。それぞれのメリットとデメリットを考えて、自分に合った家計簿を選ぶといいでしょう。

ちなみに、目標とする貯金額を設定したり、費目にこだわりすぎずにシンプルにするのが、長続きするコツといわれています。

1 家計簿の種類

家計の収入と支出などを記入するのが家計簿です。家計簿にはノートタイプ家計簿、パソコンのExcelの家計簿、スマホの家計簿アプリなどがあります。

・スマホの家計簿

スマホアプリでつける家計簿。無料のものも多くある。

・パソコンのExcelの家計簿

パソコンのExcelを使ってつける家計簿。簡単に入力できるのが魅力。

・ノートタイプ

ノートとペンでつける、昔からある家計簿。

2 家計簿の費目分け

費目をあまり細かくしすぎると、記入が面倒になってしまいます。費目を大きく住居費、食費、被服費、水道光熱費、雑費・医療費、通信費の6つに分けて記入しましょう。

6つの費目

①住居費
家賃や管理費などの住居にかかる費用。

②食費
食べ物や飲み物、外食などにかかる費用。

③被服費
洋服や下着、クツなどにかかる費用。

④水道光熱費
電気やガス、水道にかかる費用。

⑤雑費・医療費
雑費や医療にかかる費用は、まとめてしまう。

⑥通信費
スマホ代やWi-Fiなどにかかる費用。

memo

家計簿はまず続けることが基本。そのためには短い時間で記入する、正確さにこだわらない、1カ月ごとに見直すなどが大切です。

定期預金は強い味方

お金が自然と貯まる銀行の賢い活用法

●身近な金融機関銀行を活用してお金を貯めよう

お金を預けたり引き出したりできる銀行は、預金から公共料金の引き落としやデビットカード、クレジットカードなどの支払いができるなど、とても身近な金融機関です。お金を貯めるときは、振り込まれた収入の一部を定期預金にして貯めたり、住宅を購入するときなどには、ローンを組んでお金を借りたりできます。

お金を貯めるときは、定期預金などを利用すれば、利息がついてお金を増やすことができます。また銀行の会員サービスには、取引状況に応じてポイントがついたり、手数料が無料になったりするなどの特典があります。

お金を貯めるには、銀行を賢く使う、上手に付き合うというのも手です。

銀行の3段活用

銀行を活用すれば、上手に「お金を動かす」「お金を貯める・増やす」「お金を借りる」ことができるようになります。

①お金を動かす
給料を受け取ったり、口座から支払ったりすることができる。

②お金を貯める・増やす
定期預金にすると利息がつく。

③お金を借りる
住宅を買うときなどにお金を借りることができる。

注意点①
お金を引き出す際、他行やATMでお金をおろすと手数料がかかる場合がある。

注意点②
銀行の預金でつく利息はわずか。大きく増やすことは難しい。

PCやスマホで活用しよう

インターネットバンキングはお得

●お得なことが多いネットバンキングを利用しよう

インターネットを利用した銀行などの金融取引のサービスをインターネットバンキングといいます。

インターネットバンキングは、インターネット上で銀行口座の残高照会や振り込みなどを行える以外にも、金利が普通預金より高い定期預金が利用できるなど、自宅のパソコンやスマホからいつでも取引できて便利です。

また、インターネットバンキングは、手数料が安いこともあり、銀行の窓口やATMに行くよりもお得な点がいくつもあります。

インターネットバンキングを利用するには、その銀行に口座を持っていても、別に申し込みが必要です。一方、本人確認用のパスワードを忘れてしまうと、本人でもログインできず、取引ができなくなってしまうので注意しましょう。

インターネットバンキングの種類には、都市銀行・地方銀行などのインターネットバンキング、インターネット専業銀行のインターネットバンキング、銀行のインターネット支店のインターネットバンキングがあります。

インターネットバンキングにはどんなもんがあるのかニャ?

1 インターネットバンキングのメリット

① 振込手数料が窓口やATMより安くなっています。
② いつでもどこでもパソコンやスマホから取引できます。
③ 家計簿アプリと連動できます。

パスワードや個人情報はしっかり守りましょう

2 インターネットバンキングのデメリット

① パスワードを忘れると取引できません。
② 個人情報を盗まれないようにセキュリティをしっかりと。

預金は目的に合わせて

銀行預金の仕方はいろいろあるんです

●目的に合わせて3つの預金を活用しよう

銀行預金は主に、普通・定期・積立定期預金の3種類です。

給与などの受け取りや家賃、公共料金、クレジットカードなどの支払いは普通預金。ボーナスなどのまとまったお金を預けるときは定期預金にします。普通預金と定期預金をひとつにまとめた総合口座もあります。

毎月、一定額を自動的に定期預金にする積立定期預金もあります。

給与が振り込まれる銀行の定期預金や積立定期預金でお金を貯め、100万円などのまとまった金額になったら、さらに金利の高いネット銀行などの「貯めて増やす銀行」の定期預金に移し替えるという使い方もできます。

預金以外に資金に余裕があれば銀行などの投資信託によってお金を増やす方法もあります。その場合は、利益が非課税になるNISA口座などがオススメです。

3つの預金を活用する

お金を貯めるポイントは、
普通・定期・
積立定期預金を
使い分けることなんだ
ひんぱんに
使う口座は
普通預金にしよう

①普通預金

自由に入出金ができる口座。給与振込や引き落とし用の指定口座として利用する、普段使いに適した口座。

②定期預金

1年や2年など、最初に期間を指定してまとまった資金を預金する口座。車の買い替えや子どもの進学など、まとまったお金を使うときに引き出すのに便利。

③積立定期預金

毎月、決まった日に預金の積み立てをする口座。普通預金から自動振替で積み立てることができる。

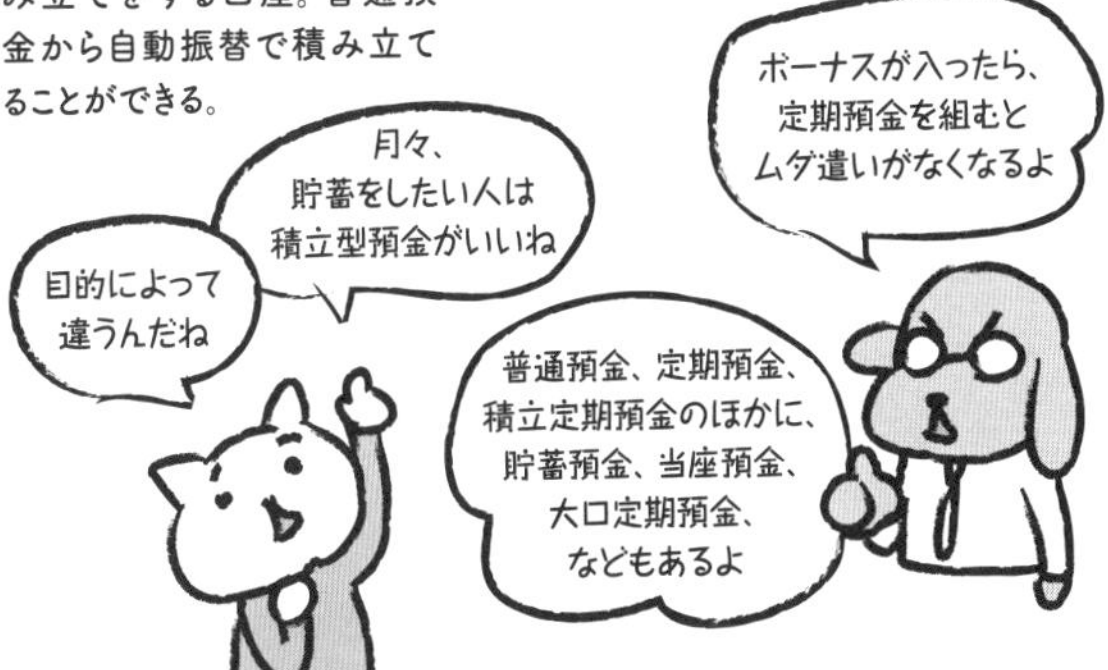
月々、
貯蓄をしたい人は
積立型預金がいいね
目的によって
違うんだね
ボーナスが入ったら、
定期預金を組むと
ムダ遣いがなくなるよ
普通預金、定期預金、
積立定期預金のほかに、
貯蓄預金、当座預金、
大口定期預金、
などもあるよ

貯め方⑧

銀行口座を3つ持っておくべき理由

用途によって口座を使い分けよう

1 使い分けるべき3つの口座

「使う口座」は給与振込口座、「貯める口座」は金利が高めで、振込手数料やコンビニATMの利用手数料が低めのネット銀行、「増やす口座」は地方銀行のインターネット支店を開設するのも手です。

口座は3つに
使い分けると
便利なのね

2 使う口座

使う口座は、メーンバンクとして使いたい口座。給与振込や、クレジットカードの代金、光熱費などの公共料金の引き落としは、ここでまとめると家計管理がしやすくなります。

給料が
振り込まれる口座を
使う口座にするのね

¥

3 貯める口座

金利が高めで、振込手数料やコンビニATMの利用手数料が低めのネット銀行は、貯める口座としてオススメです。

ネット銀行は
利用手数料が
低めなのね

お金を増やすなら、
利息で選ぶべきよね

4 増やす口座

利息がもっとも高いのが地方銀行のインターネット支店。お金を増やす目的であれば、活用しない手はありません。

どの銀行を選べばいいか
迷ったときは、5つのポイントを
チェックしてね

銀行選びの5つのポイント

①支店やATMが近くにあるか
②ネットバンキングができるか
③利用したい取扱商品があるか
④手数料はいくらか
⑤手数料の割引や
　無料サービスがあるか

積立定期預金や財形貯蓄を利用しよう

貯蓄制度や金融商品を利用して貯める

●無理することなく自分に合った金融商品を選ぼう

毎月一定額を確実に貯金するなら、銀行の「積立定期預金」のほか、会社員の場合は勤務先の「財形貯蓄」が有効です。

さらに株価の上昇による資産の増加を狙うなら「つみたてＮＩＳＡ」を組み合わせるといいでしょう（※ＮＩＳＡ制度は２０２４年に新ＮＩＳＡに改正）。「個人型確定拠出年金（ｉＤｅＣｏ）」は資産形成を後押しする国の制度です。自分で掛け金を積み立て・運用し、運用成果に応じて将来の受取額が決まるしくみになっています。掛け金は全額が所得控除の対象になり、受け取るまで運用益が非課税なのも有利ですが、原則６０歳まで引き出せないので、収入が少ない若い人や貯蓄が少ない人は、積み立てに全額を集中させないほうがいいでしょう。

まずは、定期預金と「つみたてＮＩＳＡ」を同じ額ずつ組み合わせるなど、自分の収入や貯蓄計画に合った利用を考えてみましょう。

月々貯められる金融商品には、積立定期預金、財形貯蓄、社内預金、個人型確定拠出年金（iDeCo）、つみたてNISAなどがあります。

金融商品を選ぶときは、一度にいろいろな金融商品に手を出さないことが大切。家計に影響を与えないように優先順位を考えましょう。

積立定期預金や財形貯蓄などである程度お金が貯まったら、「つみたてNISA」や「個人型確定拠出年金（iDeCo）」を検討しましょう。

財形貯蓄を詳しく知りたい！

会社員は財形貯蓄が貯めやすい

●財形貯蓄は天引きなので貯めやすい

財形貯蓄は、福利厚生の一環として会社に設けられている制度です。財形貯蓄には財形住宅貯蓄、財形年金貯蓄、一般財形貯蓄の3種類があり、公務員や正社員だけでなく、継続して働くことが見込まれるパート、アルバイト、派遣社員も、勤務先に財形貯蓄制度があれば利用できます。

毎月の給料やボーナスから一定額が天引きされ、天引きされたお金は、提携する金融機関の定期預金や保険などに積み立てされます。

会社が提携している金融機関の商品の中から選ぶしくみで、銀行の定期預金、生命保険会社の積立保険、損害保険会社の傷害保険などもあります。

給与からの天引きなので貯めやすく、財形住宅貯蓄と財形年金貯蓄は、条件を満たせば非課税というメリットもあります。

財形貯蓄には3種類ある

財形貯蓄は、給与天引きによる貯蓄制度。一般財形貯蓄、年金財形貯蓄、住宅財形貯蓄の3種類があり、それぞれ貯蓄する目的は異なっています。

①一般財形貯蓄

契約をすると、預金する分を会社が給料から天引きして、自動的にお金が貯まっていきます。結婚や出産、ケガや病気など、使う目的は自由ですが、税制の優遇措置はありません。

②財形年金貯蓄

60歳以降に年金として受け取るための老後の資金づくりを目的とした制度。

③財形住宅貯蓄

住宅の購入・リフォーム資金として受け取るもので、条件を満たせば非課税です。

家を購入する予定はないんだけど……

財形貯蓄制度がある会社だったら、誰でも利用できるんだ

どの財形貯蓄にするか迷ったら、すぐ家を買う予定がなくても、とりあえず財形住宅貯蓄を始めてみましょう。

一般財形貯蓄だけは税金がかかるんだね

保険料は高いけど所得控除もある

保険と貯蓄を両立できる貯蓄型保険を利用する

●保険を利用して効率的にお金を貯められる

万が一のときに備えながら、将来のための貯蓄ができるのが、貯蓄型保険です。代表的なものは、個人年金保険、生命保険、養老保険、子ども保険などです。

保険料の支払いには、月払い、年払い、一時払いがあり、まとめて払うと安くなりますが、掛け捨てではないので保険料は高く、預金と同じように低金利です。とはいえ、保険料は一定額まで所得控除できるというメリットがあります。

保険料には保障が含まれているため、受取額が支払額を下回る「元本割れ」になることもあります。貯蓄型保険を選ぶときは、返戻率《へんれいりつ》（支払う保険料の総額に対する受け取る保険金の総額の割合）を確認しましょう。

保険で
貯蓄ができるんだ
生命保険
養老保険
個人年金保険
子ども保険

1 貯蓄型保険

貯蓄型保険の代表的なものには、生命保険、個人年金保険、養老保険、子ども保険などがあります。

2 メリット

貯蓄型保険には、支払った保険料よりも多い保険金を満期時に受け取れる、保障としても利用できることがある、貯金が苦手でも計画的に積み立てができるといったメリットがあります。

返戻率
110%

たとえば返戻率110%であれば、100万円を貯めて110万円が戻ってきます。

早く解約すると
元本割れになっちゃう
元
本

どの保険が効率的にお金を貯められるのか、返戻率をチェックしましょう。返戻率とは、支払った保険料に対して、将来に受け取る金額の割合のことで、金融商品によって異なります。

3 デメリット

デメリットは、月々の保険料が高い、支払った保険料よりも受取額が少なくなる「元本割れ」をすることがある、などです。

COLUMN 03

節約や貯金に必要なのは成功体験 負担なく続けられれば上手くいく

●簡単なことから始めて徐々にハードルを上げる

節約や貯金が苦手な人は多いようです。すぐ見返りが得られないため、モチベーションに欠けるせいでしょう。また、最初から無理な目標を掲げ、達成できずに投げ出してしまうケースも見受けられます。給料から毎月5万円を貯金するとか、外食費をゼロにするとか、極端な目標設定がこれに当たります。

節約のハードルは段階を踏んで上げるのが効果的です。最初は500円玉貯金くらいが適当でしょう（121ページ参照）。ドリンクは買わずにマイボトルを持参するのもいいですね。そうして慣れてきたら少しずつハードルを上げていきます。継続は力なり。その都度、負担なく続けられる目標を設け、成功体験を積み重ねることが大切なのです。

上手く貯金ができれば、それ自体が節約のモチベーションとなり、それがまた貯金額へと反映されるプラスのスパイラル状態に突入します。

4章

支出の抑え方のキ・ホ・ン

お金が貯まる人は、収入が多いとは限りません。正しく支出を抑えることができれば、たとえ収入が少なくても着実にお金は貯まります。本章では、支出を減らすテクニックを紹介。家計を見直したいという人は要チェックです。

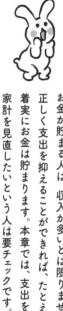

抑え方①

支出を見て、自分のお金の使い方を知る

毎月、何にいくら支出していますか？

●お金の使い方で自分の改善すべきポイントがわかる

自分の家計を改善するためには、支出をしっかりと把握することが重要です。どういうお金の使い方をしているかで、自分のお金に関する傾向がわかり、改善点も見えてきます。

毎月給料日前になるとお金がなくなってしまうという人は、家計簿をつけるなどして、何にいくら使っているかを把握するといいでしょう。支出が多いものがわかると対策が立てやすくなります。

memo

毎月、何にいくらお金を使っているかを把握するには、家計簿をつけるといいでしょう。マネトラなどの、簡単に入力できる無料の家計簿アプリを使ってみるのもオススメです。

1 飲み代が多い

飲み代などで交際費が高くなっている人は、「飲み会は月〇〇円まで」と決めるようにしましょう。

2 通信費が高い

携帯電話の通信費が毎月、手取り収入の1割を超える場合は、スマホの使い方や料金プランを見直しましょう。

3 雑費が多い

スイーツ、スナック菓子、ジュース、お酒、タバコ、コーヒー、お茶などの嗜《し》好《こう》品《ひん》でたくさんお金を使っている人は、1カ月の額を決めましょう。

4 クレジットカード払いが多い

ポイントのために計画的に使っているならともかく、お金がないのにクレジットカード払いに頼っている人は要注意。家計が赤字にならないようにしましょう。

5 保険料が高い

生命保険などに勧誘されるままに加入している人は、保険を見直しましょう。保険ショップの無料相談サービスを使うことをオススメします。

抑え方②

毎月決まった支払いを安くしよう

節約の基本は固定費の見直し

●家計簿を見直して毎月のムダな出費をカットする

家賃や光熱費、電話の料金、保険料など、家計の中で毎月必ず支払わなければいけないお金のことを、「固定費」といいます。

支出を抑えるには、まず固定費を減らすのが基本であり、効果的です。

まずは自分の家計の中での固定費を把握して、それぞれの内容を見直しましょう。ムダな固定費をカットする、よいチャンスです!

memo

毎月、2万円の固定費をカットできれば、5年間で120万円も支出を抑えられる計算になります。ぜひ、見直してみましょう。

1 通信費

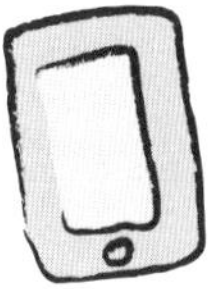

スマホの料金プランが自分に合ったものかどうかチェックしましょう。携帯電話各キャリア会社の公式サイトで料金シミュレーションができます。

2 保険料

生命保険は積み重なると非常に高い買い物になります。勧められたプランに加入したままではダメ。見直しましょう。保険ショップなどでファイナンシャルプランナーに相談するとよいでしょう。

3 銀行口座は必ず確認

固定費は口座からの自動引き落としになっていることが多いので、意外と把握していないもの。自分の銀行口座を定期的に確認して、毎月、何にいくら支払っているかをチェックしてください。

4 自動車の費用

自動車はローン、ガソリン代、駐車場代と、さまざまな維持費が発生します。たまにしか乗らない生活スタイルなら、カーシェアリングに移行してみては?

5 定期購読

ろくに読まないのに取り続けている新聞や、定期購読している雑誌などがあれば、本当に必要かを検討してみるといいでしょう。

通信費にお金をかけるのはもったいない！

格安スマホに乗り換えて通信費を安くする

●メリットとデメリットを知って乗り換えを検討

携帯電話の料金プランは政府の要請で低価格化が進みつつありますが、さらに安くしたい人は格安スマホも検討してみましょう。

格安スマホとは、簡単にいえば、NTTドコモ、au、ソフトバンクといった大手キャリア以外の会社が行っている通信サービスを利用するスマホのことです。なお、格安スマホの中に入っているSIMカードのことを格安SIMといいます。格安SIMを入れたスマホが格安スマホなのです。

料金プランにもよりますが、格安スマホに乗り換えることで料金が毎月1000〜5000円程度安くなります。

ただし格安スマホは、会社によって通信が安定しない、実店舗でのサポートが受けられないなどの、デメリットもあります。

格安スマホの3大メリット

・**利用料金が安くなる!**

NTTドコモ、au、ソフトバンク以外の会社が運営する格安スマホ。通信基地局などの設備や実店舗を持たないことで（設備は3大キャリアから借りています）、コストを抑えて料金を安くしています。

・**電話番号はそのままでOK！**

現在契約中の携帯電話会社のサイトなどで「MNP予約番号」を取得し、会社を乗り換える際にその番号を伝えれば、これまでと同じ携帯電話番号が使えます。

・**契約期間と解約金がない会社も!**

最低契約期間は大手キャリアより短い会社が多く、契約期間がないところもあります。契約を解除した際の解約金がない会社もあるので、乗り換えが気楽にできます。

格安スマホの4大デメリット

・**通信が遅くなる…**

自前の通信設備を持たないので、回線が混雑する時間帯には通信速度が遅くなることがあります。

・**実店舗でのサポートが受けられない…**

3大キャリアで受けられる店舗でのサポートが受けられない会社が多い。

・**LINEのID検索、キャリアメール（キャリアのアドレス）が使えない…**

会社によっては使えないサービスもありますが、格安スマホでもLINEは使用可能。また、Gメールなどのフリーメールも使えます。

・**違約金が発生することも…**

大手キャリアとの契約が残っている期間だと、違約金が発生します。

格安スマホに
乗り換えましょうよ
スマホ代が
高すぎる

抑え方④

電力会社を乗り換えるだけで料金が安くなる

光熱費、ちゃんと見直していますか?

●どの電力会社でも電気の質は全然変わらない!

月々の電気料金は、節電をしなくても電力会社を乗り換えるだけで簡単に安くなります。

2016年の電力自由化によって、これまではエリアごとに決まっていた電力会社を自分で選べるようになりました。電化製品や工芸品、衣服などの製品と違って、電気の質はどの会社でも同じ。発電や送電などのインフラもこれまでどおりなので、値段が安い会社を選んだほうが得です。

電力会社の乗り換え手続きは非常に簡単。契約中の会社に届ける必要はなく、乗り換えたい会社に申し込むだけ。手続きをする際は、現在契約している会社からの「電気ご使用量のお知らせ(検針票)」に必要な情報が載っています。

乗り換えることで料金は年間で1~3万円ほど安くなるケースもあるので、まずは比較してみましょう。

電力会社はエリアごとに決められていましたが、2016年から電力会社が選べるようになりました。

電気の質はどこでも同じ。料金で選べば、その分だけ支出を抑えることにつながります。

風力や太陽光発電を行っている電力会社を選んで、環境問題に貢献することもできます。

電気とガスのセットプランを用意している会社もあります。セットにすることで、料金がさらにお得に!

生活スタイルによって買い物のパターンを変える

食費を抑えるコツを掴もう

●買い物のペースは生活スタイルによって変えよう

毎日のごはんづくりにかかる食費を抑えるためには、冷蔵庫の中身をしっかり把握して管理することと、計画的な買い物をすることが重要です。

1週間に1度くらいのペースで冷蔵庫の中が空になるようにすれば、食品のロスがなくなり、出費が抑えられます。

また、半額シールなどが貼られた値引き商品は魅力的ですが、使い切れなければ結果的に損をしてしまうので、冷静な判断が必要です。

ムダのない買い物をするためには、自分の生活スタイルに合わせて買い物のパターンを決めるとよいでしょう。

生活スタイルと買い物のペースの詳しい組み合わせのパターンは、次のページを参考にしてみてください。

1 規則的な生活の人

規則的な生活を送っている人であれば、週に1度決まった日に買い物をするパターンにすると、ムダな買い物が減らせて支出が抑えられます。

毎週、
決まった曜日に
まとめ買いするよ

2 不規則な生活の人

不規則な生活を送っている人は、必要なものを必要なときに買うようにしましょう。まとめ買いをすると食品ロスを生んでしまう可能性があります。

3 そもそも料理をしない人

料理をしない人は、不規則な生活を送っている人以上に、ムダが出てしまう危険性があります。1回の支出は高くなりますが、食べる分だけをその都度買ったほうが、ムダがなくなります。

こんな誘惑には要注意！

・保存食の買いだめ
食べもしない缶詰などの保存食の買いだめは、結果的に捨てることになるので控えましょう。

・大型スーパーでの買い物
普段行かない大きなスーパーに行くときは要注意！　レジャー感覚でいらないものまで買ってしまいがち。

・スーパーの半額シール
タイムセールで安くなった食材は魅力的ですが、使い切れなければ捨てることになります。

抑え方⑥

たまにしか乗らないならカーシェアリングを！

車にかかる費用を見直そう

●購入時以外にも維持費がいろいろかかる

自動車を購入すると自動車の購入費だけでなく、自動車税、保険料、ガソリン代、駐車場代などの維持費が継続的にかかります。

購入する際は、ほかのメーカーの同クラスの車で見積もりを取ったり、複数の店舗で見積もりを取ったりしましょう。これまで乗っていた自動車を売る場合は、高値で買ってくれる中古車販売店を選びましょう。

1 自動車税

毎年かかる税金。車の大きさによりますが、約1〜11万円かかります。そのほかに新規登録時と車検時の自動車重量税もあります。

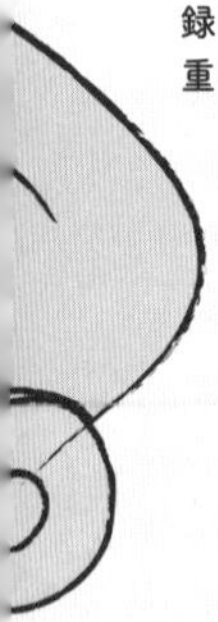

2 ガソリン代

1リットルあたり175円で、年間5000km走った場合、ガソリン代は年間8万7500円ほどかかります。

3 消耗品代

エンジンオイル、バッテリー、タイヤなどの消耗品の代金。

4 駐車場代

駐車場を借りると、毎月の駐車場代がかかります。

5 自賠責保険

自動車の所有者の加入が義務づけられている損害保険。年間1万2000円程度です。

6 任意保険

所有者の意思で加入する保険。対人賠償保険や対物賠償保険などがあります。

自動車は車両本体の代金以外に税金や保険料など、多くの費用がかかります。こうした維持費の年間の金額の目安は、軽乗用車で38万円、普通車で44万円、ミニバンで50万円です。

7 カーシェアリング

自動車を所有するのではなく、シェアするカーシェアリング。カーシェアリングサービスに入会し、車を使用したいときにパソコンやスマホで予約して、指定の場所に駐車してある車を利用します。車のメンテナンスが必要なく、維持費がかからず、駐車場を確保しなくてよいというメリットがあります。月に数回しか使わないライフスタイルなら、圧倒的にカーシェアリングのほうがお得です。

新車を購入する際は、複数の販売店で同クラスの車の見積もりを取って比較を。自動車本体だけでなく、オプションについても値引きの交渉をしましょう。また、自動車の下取りはディーラーではなく、中古車ショップのほうが割高となることが多いです。

毎月の家賃は減らせます！

住宅費を抑えるテクニックとは？

●複数の業者から見積もりを取り家賃の交渉も

住宅に関して、賃貸が得なのか、持ち家が得なのかは、さまざまなケースがあるので簡単には答えを出せません。

持ち家のほうがいいと考える人が多いかもしれませんが、持ち家にはメリットがある反面、「金利上昇や収入減でローンが払えなくなる」「地価の下落」「ご近所トラブル」といったリスクもあります。

賃貸は、引っ越しがしやすい、固定資産税が発生しないといったメリットがあります。ちなみに、賃貸は契約を結ぶ際、複数の仲介業者で見積もりを取る〝相《あい》見積《みつ》もり〟を行うと、安いほうの料金で契約できます。

また、すでに賃貸契約を結んで住んでいる人は、契約更新時が家賃を下げるチャンスです。住んでいるマンションの同じ間取りの部屋の家賃をネットで調べて、その金額をもとに交渉してみるといいでしょう。

・賃貸物件を借りる際は、複数の仲介業者で見積もりを取る“相見積もり”を！ 候補物件の近くの複数の不動産屋に見積もりを頼んで、適正価格のところを選びましょう。

・「この物件はウチしか取り扱っていない」と業者がいっても、じつは別の業者も取り扱っていることがほとんど。

あの物件は
ウチでも
扱っていますよ
ウチなら家賃を
相場より下げられますよ

同じ間取りの部屋の家賃をネットで調べたり、近所の同じぐらいの築年数のマンションの家賃を調べたりして、交渉してみましょう
大家さんに
聞いてみますよ
不動産

・何年も住んでいる賃貸物件なら、更新時期に家賃の交渉を。新しい家賃で契約してくれる可能性があります。

火災保険を
乗り換えたいの
ですが……

・契約書で火災保険会社が指定されてないなら、自分の判断で乗り換えが可能。料金が安くなることもあります。ただし、保険を途中で解約する場合は、期間によって保険料の返還がないこともあるので注意が必要です。

抑え方⑧

ほかの人が引っ越さない時期に引っ越す
引っ越し代はやり方しだいで安くなる

●引っ越し業者が暇な時期を狙って「混載便」も活用

引っ越し料金は、いくつかのポイントを押さえると料金が半値になることがあります。

重要なのは引っ越しの時期。春と秋は学生なら進学、社会人なら異動などで引っ越しが多くなるため、3月、9月、10月は引っ越し料金が高くなります。業者が暇な1～2月上旬、5～8月、11月を狙いましょう。

複数の業者から見積もりを取ることも重要です。「○月×日～▲日の間ならいつでもOK」というように業者の都合に合わせて、値下げ交渉を行うのもいいでしょう。

ちなみに、同じ方面に引っ越しする人と一緒のトラックで荷物を運ぶ「混載便」を使うことも、引っ越し料金を安くするテクニックのひとつです。

1 引っ越し料金が大幅に下げられる

数年に1回あるか、ないかの引っ越し。それだけに料金を気にしない人もいるかもしれませんが、やり方や交渉しだいでコストを大幅に下げられます。

3月、9月、10月は
引っ越し料金が
高いんです

2 混載便を利用すると引っ越し代が安くなる

同じ地域や方面に引っ越しする複数の人たちの荷物を一緒に運ぶ「混載便」というサービスもあります。混載便があるのは、サカイ引越センター（「ご一緒便コース」）、ムービングエス（「割り勘便」）、スター引越センター、カルガモ引越センターなどです。カルガモ引越センターの荷物が少ない人のための「単身引越混載便」は、なんと通常料金の約60％の料金！

わかりました！
混載便で
おねがいします

3 引っ越し業者の都合に合わせる

引っ越し業者の閑散期を利用したり、引っ越し業者の都合に合わせたスケジュールにしたりして、値引きの交渉をしてください。一度利用した業者なら前回の値段を基準にして交渉してもよいでしょう。

動画、音楽、ファッション、恋愛が定額で！

支出を抑えるならサブスクが便利

●さまざまなジャンルのものが定額で利用し放題に！

支出を抑えたいけど、映画やドラマ、アニメ、音楽などのエンタメを楽しみたい。おしゃれもしたい。美味しいものも食べたい。車にも乗りたい。

そんな人にオススメしたいのが、日本でもすっかり定着したサブスクリプション（サブスク）です。月額などで一定の料金を支払えば、サービスを好きなだけ受けられます。

代表的なサブスクとしては、映画、ドラマ、アニメなどが見放題のNetflix、たくさんの洋楽や邦楽が聴き放題のSpotifyなどがあります。サブスクで利用できるのは動画や音楽だけではありません。近年ではファッション、自動車、グルメなど、さまざまな分野に広がっています。

ただし、たまにしか利用しない人だとサブスクは逆に損することも。ひんぱんに利用する場合にはサブスクがオススメです。

1 飲食店

飲食店で食べ放題、飲み放題のサブスクを導入しているところもあります。定額の月額料金を支払うことで、常に値段が割引になるサービスなどもあります。

2 エンタメ

あはは、
見放題って最高!
どうも〜

サブスクで一般的によく知られているのは、動画、音楽、電子書籍（書籍、雑誌、漫画など）の利用し放題サービスです。

3 カメラ

シャッターチャンスだ!

カメラやレンズがレンタルし放題のサービスもあります。高額で手が出ない機材もサブスクなら気軽に使うことが可能です。

4 ファッション

ファッションでもサブスクは増えています。ブランドバッグ、ジュエリー、洋服などを月額で好きなだけレンタルすることができるのです。

5 婚活

うん
楽しいね

婚活やマッチングアプリにも、サブスクが進出。マッチングアプリはメール1通単位でお金がかかることが多いのですが、サブスクなら何通でも送れます。

6 自動車

トヨタやホンダが自動車のサブスクを手がけています。月々定額を支払うことで、車を利用できます（トヨタは新車、ホンダは中古などの違いがあります）。

抑え方⑩

小売店、飲食店で使える金券がオススメ

支出を抑えるなら金券ショップを利用しよう

●鉄道や飛行機、映画のチケットだけじゃない

賢い買い物をするためのテクニックのひとつが、金券ショップの活用です。鉄道や飛行機のチケット、映画やイベントのチケットなどを扱う金券ショップ。繁華街や、大きな駅の近くなどで営業していることが多いです。

「自分は鉄道を使わないし、映画も見ないから、金券ショップなんて関係ない」という人もいるかもしれませんが、金券ショップでは、小売店や飲食店などで使用できるギフト券や株主優待券も販売されています。

これらの金券は額面よりも値引きされた金額で販売されています。店頭での販売価格によっては約30％もの割引で商品を購入したり、食事したりすることが可能になるのです。よく利用する店の金券がないかチェックしてみるといいでしょう。

1 株主優待券

企業の株主優待券は、かなりの割引が期待できます。たとえば、マクドナルドの株主優待券はショップでの販売価格によっては、約30％の割引も！　金券ショップは駅の近くにある場合がほとんどですが、鉄道のチケットだけでなくさまざまな金券が売られています。

2 図書カード

書店で使える図書カードも売られています。約4％の値引きで販売されているので、書店で本を4％オフで購入するのと同じことです。

3 信販系ギフトカード

JCBやVISAなどの信販会社系のギフトカードは、全国のカード取り扱い店で利用可能。金券ショップでの販売価格は約1.6％の値引率なので、ポイント還元率1％のクレジットカードで買い物をするよりもお得です！

4 飛行機の株主優待券

JALとANAの株主優待券は、普通運賃の50％割引という値段！　ゴールデンウィークやお盆などでも安い価格で利用できます。

普通の街の中や郊外にも金券ショップはあります。掘り出しものもあるので、支出を抑えたいなら定期的に立ち寄るといいでしょう。

毎日の買い物がグッとお得になる

クーポン使いの達人になって支出を抑える

●スマホがあればお得なクーポンを簡単に入手可能

お店での買い物でお得な割引サービスが受けられるクーポン券。スマホが浸透した今、クーポン券は簡単に手に入るので、利用しないのはもったいないです。外食チェーン店の多くは、店の公式アプリでクーポンを発行しています。クーポンはアプリをインストールするだけで無料で手に入れられます。

アプリだけでなく、ネットで利用できるクーポンサイトも要チェックです。クーポンサイトでは、グルメ、美容、レジャー、旅行などさまざまなジャンルのクーポンが扱われていて、50%以上の割引も珍しくありません。

携帯電話のキャリアでは、NTTドコモなら「dポイントクラブ」、auなら「auスマートパス」などのサービスがあり、ここでもクーポンがもらえます。特にdポイントクラブはクーポンが充実。アカウントをつくればドコモユーザー以外でも利用可能です。

1 LINEアプリ

国内8600万人が利用するLINEアプリでは、お得なクーポンが随時配信されている。

LINEでも
クーポンが
使えるよ

スマホは賢く
使わなきゃ
100円
引き
クーポン

2 ニュースアプリ

ニュースアプリでは、記事のほかにお得なクーポンや無料のクーポンが配信されているのでチェックしてみましょう。

3 スーパー系アプリ

大手スーパーのダイエーには、お得な公式クーポンアプリがあります。クーポンやお買い得商品の情報が配信されます。

いらっしゃ〜い
スーパー

4 飲食店系アプリ

多くの飲食店では公式アプリでクーポンを発行。誕生月にクーポンを配信するデニーズや、毎月11〜21日にアプリでクーポンを配信するケンタッキーフライドチキンのように、アプリで特別なクーポンが入手できます。

デパートでできる積み立てサービス

買い物の出費が抑えられる積み立て制度がある

●毎月積み立てると銀行預金より高いリターンが！

高級品が並ぶデパートは、支出の節約と関係ないと思うかもしれませんが、金銭的にメリットのある積み立てサービスを多くのデパートが行っています。

友の会と呼ばれるさまざまな特典がある会に入会すると、この積み立てサービスを始められます。

毎月一定の金額を積み立てると、満期を迎える半年後や1年後に「積み立てた金額＋ボーナス」の金額のプリペイドカードや商品券を受け取れるのです。友の会積み立てのボーナスを金利に換算すると、約15％にもなります。低金利の銀行預金よりも圧倒的にお得な数値です。

ただし、受け取れるのは現金ではなく、そのデパートで使えるプリペイドカードや商品券という制限があります。また、デパートが倒産した場合、積立金が補償されない危険性があるというリスクも存在します。

積み立て制度を利用すれば デパートはお得になる

多くのデパートが行う積み立てサービス。友の会に入会して、毎月一定額を積み立てます。たとえば、タカシマヤの1万円ボーナスコースだと、毎月1万円を1年間積み立てます。なお、友の会に入ると、さまざまな優待が受けられます。

満期になるとボーナスを上乗せした金額が戻ってきます。前出のタカシマヤの1万円ボーナスコースだと1万円のボーナスを加えた13万円分のお買い物カードがもらえます。

デメリットとしては、「現金ではない」「使用できる場所に制限がある」「万が一、デパートが倒産した場合、積立金が補償されない危険性がある」といったことがあります。

memo

デパートによって友の会加入者限定のセールを行っていることも！　普段からデパートを利用する人にとっては、支出を抑えるチャンスとなります。

テクニックしだいで旅費は安くなる！

支出を抑えながら旅行を楽しむ方法

●旅行・航空会社の積み立てサービスをしっかり活用

前項で紹介した積み立てと同様のサービスを旅行会社や航空会社も行っています。このサービスを利用すれば、お得に旅行ができるので、旅費の節約につながります。

旅行資金として毎月積み立てていくと、満期には積み立てた金額に加えて旅行券や航空券を受け取れるものです。

積み立てにはさまざまなプランがあり、会社よってサービスの金額は変化しますが、年利換算すると1・0〜3・0％となるので、銀行預金と比べてお得な数値となっています。

そのほかの旅費を抑えるテクニックとしては、「航空会社の格安キャンペーンを利用する」「10泊すると1泊分が無料になるホテルズドットコムで宿を予約する」「健康保険組合の保養所に泊まって宿代を抑える」といったものがあります。

1 ネット予約

「ホテルズドットコム」で宿を決めると、10泊で1泊が無料になり、宿泊費が節約できます。

ネット予約は
お得なんだよね

2 割引を利用

事前予約の割引やキャンペーン割引を使うと、格安で飛行機を利用できます。

3 積み立てサービス

旅行会社や航空会社は積み立てサービスを行っています。満期には積み立てたお金にボーナスを上乗せした金額の旅行券や航空券がもらえます。

4 保養所を利用

健康保険組合の保養所は、1人5000円台などの安い料金でも宿泊できます。健保に入っていない人は自治体の保養所を使えます。

5 配車アプリ

海外では「Uber（ウーバー）」「Grab（グラブ）」などの配車アプリを活用。現地通貨よりアプリ上でクレジットカード決済するほうが、交換レート的にもお得です。

安く旅行するなら
保養所が使える

財布がふくらんでいる人はお金が貯まらない

財布の整理が出費を抑える

●カード類は整理　レシートはこまめにチェックする

お金が貯められない人の典型的な特徴として、〝財布の中がゴチャゴチャしている〟ということがあります。財布の中身を整理できていないから、自分の家計も管理できず、ムダな出費などにも気づかないのです。

財布がパンパンにふくれあがっているという人は、一度きちんと整理しましょう。

受け取ったレシートはこまめにチェックすることで、自分のお金の使い方を振り返ることができます。

カード類を何枚も入れている人は、使っているものといないものとを整理して、使わないものは財布から出しましょう。使わないキャッシュカードを持ち歩いている人は、銀行口座の整理も検討してください。

1 500円玉貯金

財布の中の小銭に500円玉があったら、その日のうちに貯金箱へ。1週間に1枚というペースでも、1年（52週）で2万6000円貯めることができます。

2 カードを整理

自分のお金の使い方をきちんと把握するという意味でも、財布に入れるカードは厳選しましょう。銀行のキャッシュカードは生活費用の口座のものだけ、クレジットカードはメインで使うもの、ポイントカードもひんぱんに使うものに。1年に数回しか使わないカードは処分を検討しましょう。

3 レシートは必ず確認

「財布をスリムにするために、レシートは受け取らない」という選択肢はNG。こまめにレシートを見ることで、自分のお金の使い方を振り返りましょう。「ONE」「CODE」「CASH b」「レシーカ」など、レシートをお金に換えられるアプリもあるので、ぜひ活用してみてください。

COLUMN 04

心のクセをしっかり把握して ムダ遣いをなくそう！

●欲しいかどうかではなく必要かどうかで判断する

ムダ遣いをする背景には、心のクセともいうべき心理が潜んでいます。

日常の買い物では1円を惜しんでも、万単位の買い物では時に1万円の差すら気にしない。このように状況に応じて金額の重みが変わる心の働きを、行動経済学ではメンタルアカウンティングといいます。同じくディドロ効果は、何かを新調すると、ほかのものもそれに合わせて新調したくなる心の働き。限定品に惹《ひ》かれる希少性の原理もあります。

いずれの場合も、それが欲しいか否かより、それが必要か否かを基準に冷静に検討することが重要です。人は目先の欲望に引きずられがち。家に温かい食事が待っているのに、お腹が空いてコンビニのパンをかじる心理です。将来の返済のきつさよりポイント欲しさにリボ払いにハマるのも同様。お得と思ったときこそ必要性を冷静に判断しましょう。

5章

お金の稼ぎ方のキ・ホ・ン

家でゴロゴロとしているだけでは、お金は1円も入ってきません。働いてお金を稼げば、着実に収入は増えていきますが、稼ぎ方は人によってさまざまです。そこで、本章では「お金の稼ぎ方」に関する事柄を紹介していきます。

働き方の違いがわかる大人になろう

3種類の働き方にはそれぞれ長所短所がある

●お金のもらい方で仕事は3種類に大きく分けられる

働き方のスタイルは、会社員、個人事業主（フリーランス）、副業の3種類に大きく分けられます。

また、お金のもらい方では以下のように分類できます。

A：月給や年俸
B：時給や日給
C：仕事の出来高制

会社員はAが多く、個人事業主はCが多く、副業はBやCが多いです。どの働き方もメリットとデメリットがあります。

○×商事

へい、らっしゃい

ががが
平日は会社で働いて週末だけバイトしてるの

今日は人気のレストランの料理をレポートします

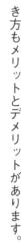

1 会社員

会社員は月給でお金をもらうことが多く、収入が安定します。同じ会社で働く人でも、正社員以外に契約社員やパート・アルバイトの人もいて、雇用形態が違うことも多いです。

お～、やばい!
遅刻だ

メリット

・安定した収入
・手厚い社会保険
・大きな規模の業務にも関われる

デメリット

・組織のルールに従わないといけない
・自分の判断だけで決められないことが多い
・自分の望まない仕事をやらなければいけないこともある

2 個人事業主

会社に雇用されずに働くのが、個人事業主です。個人事業主は月給制ではなく、仕事の成果に応じてお金をもらいます。小規模な店舗などを経営する人が多いです。

あら、
美味しそうね

メリット

・自分のペースで働ける
・自分の裁量で仕事の方針や内容を決められる
・大幅な収入アップも可能
・必要な支出は経費にできる

デメリット

・社会保険には自分で加入しないといけない
・収入が安定しない
・廃業や倒産のリスクがある

3 副業

会社員などの本業を持ちながら、空いた時間に別の仕事を行うことです。最近では副業を認める企業が増えました。店舗でのアルバイトなどであれば時給・日給制となり、配達員やアフィリエイトなどは出来高制でお金をもらいます。

お気をつけて
お通りください

メリット

・空いた時間を使って働ける
・個人のスキルを生かせる
・本業の収入が減ったときのリスクを軽減できる

デメリット

・体力や時間の面で、本業に悪影響が出る場合がある
・稼いだ額によっては確定申告が必要になる
・本業の勤務先の規定で認められないこともある

会社員には安定した収入と手厚い保障があるんです

安定した収入には大きなメリットがある

●給与の支払いも社会保険の加入も会社の義務です

会社員という働き方の大きなメリットは安定した収入と、手厚い社会保障です。給与は会社が社員に支払わなければならないと労働基準法で定められていて、社会保険の加入に関しても会社に義務があります。

決まった額の収入が、毎月決まった日に得られるという安定性は、個人事業主にはないものです。安定した収入があるため、賃貸物件を借りやすい、ローンを組みやすい、クレジットカードをつくりやすいなど、審査に通りやすいというメリットも会社員にはあります。

社会保険の保険料の一部を会社が負担してくれるというのも会社員の強みです。会社員が加入する社会保険は、事故や災害に備える労災保険、職を失った場合の雇用保険、病気やケガの治療費などの健康保険、老後に受け取れる厚生年金保険の４種類です。

1 給与は月1回以上

労働基準法で、会社員には毎月1回以上、一定の期日に労働の対価として給与が支払われることが定められています。時間外や深夜の労働に対しても手当が支払われます。給与が安定することで、ローンの審査などに通りやすくなるメリットもあります。

2 労災保険

勤務中の事故などによるケガや病気に対する保険。

3 雇用保険

失業したり、休業したりしたときのための保険。

4 健康保険

労働災害ではない病気やケガに対する保険。

5 厚生年金保険

退職後、老後に年金を受け取るための保険。

個人事業主は自分の判断で働ける

すべてを自分で管理しないといけない

●自分のペースで仕事を行えるのが最大のメリット

会社から給料をもらう会社員と違って、自分の仕事の売上から収入を得るのが、個人事業主です。

個人事業主の最大の特徴は、何といっても自分の裁量で仕事を行える点です。働くペースは、基本的に本人が管理でき、能力しだいでは大幅な収入アップが可能となる点も会社員にはないメリットです。

一方で人を雇わない限りは、営業や経理も自分で担当しなければなりません。そのため、本業以外の作業が増えるというデメリットが生じますが、裏を返せば、仕事に関するすべてを自分でコントロールできるというメリットがあります。

どういった経費を、どれだけ使うかという判断も、自分で下すことになります。必要な支出を経費として計上できる点も個人事業主のメリットです。

個人事業主の仕事の流れの一例

1 受注

クライアントから仕事を受注します。受注前の打ち合わせで、依頼内容だけでなく、予算や納期も確認します。クライアントからは発注書をもらいましょう。受注金額が高額なものなどは契約書を交わすようにします。

2 制作

制作時のスケジュールも自分で管理します。クライアントへの進捗状況の報告も行います。

3 納品

完成したら納品です。クライアントがチェックして修正の必要が出た場合は修正します。納品の際に必要な場合は納品書を発行します。

4 請求

納品が終わったら、請求書を発行します。企業によっては「何日までに請求書を送る」という決まりがあります。

受注から納品、そして入金まで、個人事業主は仕事の全行程を自分で行わないといけません。収入を増やしたいと考えたときは受注量を増やすなど、自分の裁量で仕事をコントロールできるのも、個人事業主の特徴です。

何が足されて何が引かれているかを把握しよう

給与と賞与のしくみを知っておこう

●給与明細を見て給料の金額が正しいかチェック

会社員が給料をもらう際には、支払額や控除額などを記載した給与明細も渡されます。支給額しか見ないという人も多いかもしれませんが、給与明細を見れば、何が支給されて、何が引かれているのかが把握できます。

会社員に支払われる給料では、基本給に残業代などのさまざまな手当をプラスした合計額から、社会保険料や税金などが控除された（引かれた）金額が、手取りの差し引き支給額となります。

給与明細をもらった際は、この基本給＋手当－控除＝支給額という計算が正しく行われているかチェックしましょう。また、給与計算のベースとなるのは出勤日数ですので、この日数が正しく記載されているかも必ずチェックしましょう。

会社によっては賞与（ボーナス）も支払われます。給与と違って会社に支払い義務はありませんが、夏と冬の年2回の支払いが一般的です。

いろいろな
手当がついたぞ
基本

これが
基本給です
基本

給与のベースになるのが基本給です。ボーナスや退職金額を決めるベースにもなります。

時間外勤務手当（残業代）、深夜手当、休日手当、通勤手当、住宅関連手当、家族手当などの金額がプラスされます。

手取りが減るけど、
国民の義務だから
仕方ないね
基本

保険料や税金も
支払わないとね

健康保険、厚生年金保険、雇用保険などの社会保険料が引かれます。

さらに、所得税、住民税といった税金が引かれます。

これが
手取りの額です
基本

基本給+手当の総支給額（額面の金額）から、社会保険料と税金の総控除額を引いたものが差し引き支給額（手取りの金額）になります。

memo

残業代を算出するには、基本給を所定労働時間で割って、1時間あたりの賃金を出します。残業で発生する賃金は、1時間あたりの賃金の25％増になるので、1時間あたりの賃金に1.25をかけると1時間あたりの残業代が出ます。

昇給より転職のほうが収入アップへの近道？

転職すれば今より稼げるかも⁉

●転職することで年収アップが期待できる！

会社員は収入が安定しますが、その金額や昇給は会社の事情が大きく反映されます。

収入アップをしたい人は、残業したり、昇給を目指すより、転職したほうが効率がよいかもしれません。

たとえば、月給でプラス４０００円の昇給だと、ボーナスを含めないと年収では４万８０００円のアップです。

ところが、厚生労働省の調査によると、転職した人のうち40％の人が年収が上昇していて、そのうち４人に３人は１割以上賃金がアップしてるのです。年収４００万円だと、40万円以上のアップになります。

終身雇用制度は崩れつつあるといわれているため、転職を視野に入れてみるのも手かもしれません。

年収アップには
やっぱり転職かなぁ……
究極の選択
転職

1 転職した場合

転職者は年々増加中です。厚生労働省の調べによると、転職した15～44歳のうち40％の人の年収がアップしています。そのうちの4人に3人は10％以上のアップです。年収400万円なら40万円以上アップしたことになります。

年収が大幅に
アップした！
年収が10%以上も
上がったぞ
上がった人

うわ～、
転職したら
年収が下がった
下がった人

※10人中、約6人は年収がそのままか、むしろ下がってしまうといわれている。

2 転職しない場合

経済産業省の発表によると、2017年の中小企業の昇給率は1.99％で、月給20万円だと平均昇給額は3980円でした。3980円のアップの場合、ボーナスを含めないと年収で4万7760円のアップとなります。

え、たったの
1.99%の昇給率か

語学、宅建、介護、IT、秘書検定などなど

資格を取得して収入アップ!

●資格を取得すると会社からの給料に手当がつくことも

会社員が収入をアップさせるための手段のひとつが、資格の取得です。130〜131ページで解説した給与明細にはさまざまな手当が書かれていますが、会社によっては資格手当が出ます。資格手当は、業務に役立つ資格を持っていると支給されます。

資格取得の費用を負担してくれる会社もあります。

資格の取得は、キャリアアップと収入アップにつながるのです。

memo

公共の職業訓練校では、失業者も在職者も資格取得のための勉強が可能です。ハローワークで申し込めば、受講できます。

資格いろいろ

1 宅地建物取引士

不動産の売買と賃貸の仲介に必要な資格です。知名度の高い国家資格で、不動産業界だけでなく、金融機関、建築会社でも活用でき、独立開業やキャリアアップにも役立ちます。

この物件は
お買い得ですよ

2 ケアマネジャー（介護支援専門員）

介護を必要とする人が介護保険サービスを受けられるように、総合的な介護のアドバイスやケアプランの作成をする仕事です。特別養護老人ホームや居宅介護支援事業所などで働きます。

3 TOEICテスト

英語でのコミュニケーション能力を測るテストです。聞く・読む力に関する「TOEIC Listening & Reading Test」と、話す・書く力に関する「TOEIC Speaking & Writing Test」があります。多くの企業・団体・学校で採用されているので、就職や転職、キャリアアップに役立ちます。

4 ファイナンシャルプランナー

金融、税金、保険、年金、住宅ローンなど、お金に関する幅広い知識を持ち、相談者のライフプランの設計を行います。金融、保険などさまざまな業界で役立ちます。国家資格のFP技能士や公的機関による認定資格のAFP、CFPを取得すると、ファイナンシャルプランナーになれます。

こうすると月々3万円も
お得になりますよ

5 旅程管理主任者

旅行会社のツアーに同行する主任添乗員が取得することを義務づけられています。国内旅行のみ添乗できる「国内旅程管理主任者」と、海外旅行にも添乗できる「総合旅程管理主任者」の2種類の資格があります。

6 ITパスポート

ITに関する基礎的な知識を持っていることを証明する、経済産業省認定の国家資格です。IT系の上級の国家資格の取得を目指す場合、これがそのための第一歩となります。

不用品が思わぬ高値で売れることも！

いらなくなったものは売って稼ぐ

●いらないものは捨てるのではなくネットで販売

家の中に不要品があるなら、売ってみてはいかがでしょうか？ 不用品は捨ててしまうと1円にもなりませんし、モノによっては捨てるのに手数料がかかってしまいます。

ですが、不用品でもそれを必要とする人がいれば、思わぬ高値で売れることがあります。

不用品の販売で使えるのは「メルカリ」「ヤフオク！」などです。

メルカリは2020年1月に累計出品数が15億品を突破した、日本最大のフリマアプリです。スマホがあれば、簡単に販売と購入ができます。販売が初めてであっても、その手順はアプリが教えてくれるので安心です。

ヤフオク！ はネットオークションの最大手。ヤフオク！ での販売で生計を立てている人もいるほどなので、上手に利用すれば、思わぬ額のお金を稼げます。

1 ブランドものはブランド名を必ず明記する

買い手によっては、自分の好きなブランドものだけを集めている人がいます。検索されやすいように、ブランドものであれば出品する際にブランド名を記載しましょう。

2 掲載する写真はこだわって撮る

ヤフオク! やメルカリでモノを売るときには、商品の写真をスマホやデジカメで撮影して掲載します。写真は商品の状態がわかるようにしましょう。

3 商品説明も必ず記載

商品説明はいわば売り文句。買い手が欲しくなるように、「質がいい」「傷がない」などのメリットを書くと売れる可能性が高まります。

4 出品する時間帯も重要

主婦向けの商品なら午前中、会社員向けの商品なら19時以降など、買い手に合わせた時間帯で商品を出品するようにしましょう。

5 価格を相場より下げる

同じ商品が並んでいたら、買い手は1円でも安いほうを買いたいと思うもの。儲けは減りますが、確実に売りたいのであれば値下げするのが得策です。

memo

返品やトラブルを避けるために、商品に汚れや傷がある場合は、しっかりと明記しましょう。明記することで、出品者としての信用も高まります。

ちょっとした空き時間でお小遣いをゲット

スキマ時間を使ってお金を稼ぐ方法もある

●ポイントサイトやレシート、モニターなどで稼ごう

副業を認める会社も増え、副業を始める会社員も増えました。ただ、いきなり労力や時間などの負担が大きい副業を始めるのは大変です。まずは、移動時間や仕事の合間などのちょっとした〝スキマ時間〟を使って、手軽にできる副業からチャレンジしてみるのがいいでしょう。

短時間でできる副業としては、「ポイントサイト」があります。ポイントサイトでは、アンケートに回答したり、指定されたアプリをダウンロードしたりすることでポイントが貯められて、お金に交換できます。

また、「レシートアプリ」は買い物でもらったレシートを換金できます。1回でもらえる額はわずかですが、スキマ時間でやるにはピッタリです。

そのほか、モニターやアフィリエイト、レシピ投稿などもスキマ時間で行う副業に向いています。

1 ポイントサイト

コツコツと
ポイントを貯めよう

ポイントサイトでは、広告主がサイトに払ったお金の一部が還元されてユーザーにポイントが配布されます。ポイントの有効期間が短かったり、現金に交換できる最低交換ポイントが高すぎたりするサイトは避けてください。

2 レシートアプリ

消費者の購入情報を知りたい企業がレシートの情報を買ってくれるので、レシートはお金になります。レシートアプリを使って、スマホで撮影したレシートの画像を送信すると、お金やお金に交換できるポイントがもらえます。

3 家事代行

掃除、洗濯、料理、買い物などの家事代行サービス。企業に登録して、自分の好きな時間で働けるところが多く、週1回2時間という短時間勤務でもOKです。

4 アフィリエイト

自分のサイトやブログに広告を掲載して報酬をもらう、アフィリエイト。初期投資がほとんど必要ありません。広告掲載のためにASPと呼ばれる専門の代理店に登録しましょう。アフィリエイトを禁止しているブログもあるので要注意です。

5 モニター

企業の商品を試用して感想を企業に伝える「モニター」。ネット上のモニターサイトに登録して、そこに掲載された案件に応募して当選すればモニターになれます。モニターは商品をただで使えたり、1回1000～5000円の謝礼がもらえたりします。

6 レシピ投稿

夕ご飯をつくりながら、
お金が稼げて一石二鳥!

楽天が運営するサイト「楽天レシピ」では、料理レシピを投稿すると50ポイントがもらえます。このポイントは1ポイント＝1円として楽天市場で使えます。料理がつくられてレポートが投稿されると、レポート投稿者とレシピ制作者の両方に10ポイントが入ります。

人脈は価値が下がらず、課税されない〝資産〟

SNSはあなたの資産になる

●これからの時代人脈は大きな資産になる

新しいことを始めるとき、人脈は力になります。たとえば、新しい趣味としてゴルフにチャレンジするとき、知り合いにゴルフをやっている人がいれば、いろいろなアドバイスをもらえるでしょう。自分ひとりで始めるよりも、理解や上達が速いはずです。ビジネスパーソンだけでなく、学生でも高齢者でも、どんな人にとっても人脈は力になります。人脈は資産なのです。

そのうえ、金融商品や不動産などと違って人脈の価値が下がることはなく、税金もかかりません。価値が下がらず課税されないだけでなく、マネタイズにつながります。こうした人脈は最近ではSNSでつくれます。X（Twitter）のフォロワーやYouTubeのチャンネル登録者数が多ければ、ビジネスチャンスが広がります。企業は利益を生む顧客リストを大事にしていますが、SNSでの人脈も同じぐらいの価値を秘めています。

1 資産は目減りするリスクを抱えている

不動産や株式などの資産は、場合によっては価値が下がることもあります。不動産などの資産には固定資産税も課税されます。資産にはお金がかかるのです。

◯◯さんが出した本、買いますね!
有料メルマガを始めたんですね。登録しますよ
○○さんのトークはおもしろいので、イベント行きますよ
一緒に仕事しませんか?
Facebookの友達申請したので、承認してくださいね
YouTube始めたんですね。チャンネル登録します
人脈を広げて損はない! SNSで人脈の輪を広げよう

2 人脈は課税のない資産とも考えられる

人脈もさまざまな価値を生み出してくれるという意味で、資産と呼べます。資産でありながら、人脈は価値が下がらず、課税もされません。人脈をつくるうえではSNSが有効です。SNSでつながっている人たちがマネタイズの機会をくれることもあります。

memo 企業も人脈を重視しています。その昔、某デパートは火事を出した際、真っ先に顧客名簿を持ち出したといわれています。

絵、デザイン、IT、語学、文章、占いなどなど あなたのスキルを買いたい人がいる

●得意なことを生かしてWebで副業を始めよう

どうせ副業を始めるなら、自分の得意なことや好きなことでお金を稼げるとうれしいですよね。

「ココナラ」というWebサービス・アプリでは、さまざまなスキルが売り買いされていて、あなたの得意なスキルを売ることができるのです。

たとえば、絵が得意な人であれば、ココナラで募集されているイラスト作成やアイコン作成などの仕事を引き受けて、お金を稼げます。

取り扱われているスキルはデザイン、イラスト・漫画、Webサイト制作、音楽、動画・写真、文章、プログラミングなどなど。悩み相談や恋愛相談といったスキルもあるので、人生経験を活かすこともできます。

1 スマホがあればすぐに売買可能

Webサービス・アプリ「ココナラ」では、スキルの売り買いができます。自分のスキルを出品することもできますし、掲載されている依頼に応募することもできます。

memo

スキル出品アプリは「ココナラ」だけでなく、「スキルクラウド」や「SKIMA」など、さまざまなアプリがあります。また、時間を切り売りする「タイムチケット」というアプリもあります。

COLUMN 05

お金を稼ぎたくても稼げない！世代を超えて受けつがれる慢性的貧困

●貧困家庭に育つことで多くのハンディキャップを負う

日本では貧困層が増加しているといわれます。貧困とひと口にいっても、解雇などにより一時的に収入が減る一時的貧困と、低収入状態が長く続く慢性的貧困があります。増加しているのは後者。この傾向が進むと社会から活力が失われ、国際競争力の低下にもつながります。

慢性的貧困が生じる最大の理由は生活環境にあります。貧困家庭は生活第一なため、十分な教育、適切な医療を受けることが難しくなります。そのため生じた学歴上、健康上の障害は、進学や就職の際のハンディキャップとなりかねません。ハンディキャップを負った彼らは大人になっても貧困から抜け出せず、その子どももまた貧困に陥ってしまう。能力や努力ではどうにもならない貧困の連鎖は、社会全体で解決すべき大きな問題なのです。

6章

税金の納め方のキ・ホ・ン

私たちが無料で受けられる公的サービスは、税金で成り立っています。舗装された道を歩いたり、公園で遊んだりできるのも、税金を払っているからこそ。今後も安心して暮らせる社会を築いていくために、税の納め方について詳しく知っておきましょう。

私たちが納めた税金は何に使われているの？

税金の基礎を知っておこう

●納めた税金は私たちのために使われている

私たちが納めているさまざまな税金は、国や自治体が行う公共サービスを運営するために使われ、私たちの生活を支えています。

もしも税金を納めなければ、医療費が全額負担になってしまったり、子どもたちが公立の学校に通うのに多額の費用が必要になったりするかもしれません。

税金は、国民全員が健康で文化的な生活を送るために必要なお金なのです。

memo

納めた税金は、さまざまなかたちで私たちの生活に還元されます。普段何気なく利用している国や自治体のサービスは、税金によってまかなわれています。

法人税
会社が事業活動で得た所得に対してかかる税金。
今日は給料日だ!
所得税
個人の所得に対してかかる税金。所得が多いほど税率も高くなる。
酒税
お酒の種類によって税率が違うんだって
酒税は酒類の分類によって税率が変わる。タバコ代にも税金が含まれている。
タバコ税
またタバコが増税したね
車はいろいろ税金がかかるね
ガソリン税
ガソリン1Lにつき53.8円が課税されている。
商品を購入したりサービスを受けたりする際にかかる税金。
消費税
消費税10%は高すぎるニャ…
SHOP

税金の種類を知っておこう！

「間接税」と「直接税」税金の納め方は2種類ある

●誰でも平等な税金と年収によって額が変わる税金がある

税金には、誰もが均等に支払う「間接税」と、収入によって税率が変わる「直接税」の2つがあります。

間接税は、税負担者と納税者が異なる税金です。モノやサービスに対して一律の割合の税金を支払うのが税負担者で、税金を国に納めるお店や企業が納税者となります。

一方、直接税は納税者が直接国や自治体に納める税金です。所得税などは所得により税率が異なるのが特徴で、収入が多いほど納税額も多くなります。

同じ直接税でも住民税と所得税では性質が異なります。住民税は収入から控除額を引いた「課税所得」の10％と決まっていますが、所得税は課税所得が増えるほど税率が高くなる「累進課税」という制度を採用しています。そのため、年収が3倍に増えると、税負担は約8倍にもなる場合もあるのです。

1 間接税

間接税とは、支払い金額に対して一律の割合で課される税金のこと。代表的なのは消費税で、2023年現在一部の飲食料品と新聞を除き、10%の消費税が課されます。

魚屋
食料品は8%なのね

ガソリン税も間接税です

2 直接税

直接税とは、給料や株の配当利益などで得たお金によって納める額が変わる税金のことで、所得税や住民税、法人税、相続税などが代表的です。収入が多い人ほど納税額も多くなるものが多いです。

所得税+住民税で約142万円納めるよ
僕は18万円。納税額に約120万円も差がありますね
142万
18万

自分の納税額を会社や国に正確に伝えよう

年末調整と確定申告の違いって何だっけ？

●払いすぎた税金は年末調整をすれば戻ってくる

会社員やアルバイトなら、その年の始まりに会社が所得税の計算を行い、毎月の給料から天引きしています。この制度を源泉徴収といいます。

ただし、その年の間に扶養家族が増えたり、生命保険に加入したりすると控除額が増えるため、払うべき所得税が少なくなります。そこで、会社に「控除が増えたので、払いすぎている分を返してください」と伝え、最終的な納税額に訂正してもらうのが年末調整です。

会社勤めをしていない自営業やフリーランスなどの個人事業主の場合、所得税を計算してくれる人がいないので、自分で計算し税務署に申告をしなくてはいけません。

また、会社員でも住宅ローン控除を受ける場合は、初年度には確定申告をする必要があるので、やり方については知っておいたほうがいいでしょう。

1 年末調整

所得税は、会計年度の始まりに会社が計算します。ただし、家族が増えたり、生命保険に加入したりすると納めるべき税金が少なくなることも。そのことを会社に伝え、訂正してもらうのが年末調整です。

確定申告しないと
税金を払いすぎている
こともあるわよ!
SHOP

ご苦労様です
確定申告の
書類です
税務署

2 確定申告

個人事業主が自分で納める税金を計算し、税務署に申告することを確定申告といいます。会社員でも、控除の種類によっては確定申告を行う必要がある場合があります。

memo

所得税や住民税は、収入から税金がかからない部分を引いた課税所得金額×税率で決まります。この税金がかからない部分を「控除」といい、控除が増えると税率をかける金額が減るため、納税額も少なくなります。

確定申告って、どうやってやるの？

オンラインでもできる確定申告の流れ

●期限までに書類を提出するかｅ－Ｔａｘで申告を

確定申告が必要とわかったら、申告書を作成し税務署に提出します。事前に用意した源泉徴収票をもとに、給与収入や源泉徴収額を記入していきます。このとき、生命保険料控除や医療費控除も記入しますので、保険料や医療費がわかる書類を用意しておきましょう。

初めて確定申告をするときは、確定申告ソフトを使用するとわかりやすいです。また、国税庁ホームページの「確定申告書等作成コーナー」で申告書を作成すれば、あとはそのデータをｅ－Ｔａｘで送信するだけ。

ただし、マイナンバーカードを持っているか、マイナンバーを読み取れるＩＣカードリーダライタまたは対応のスマホを持っていることが条件となります。また、事前にｅ－Ｔａｘを利用する旨を申請しておく必要もあります。

ｅ－Ｔａｘが利用できない場合は、申告書を税務署に郵送するか持参します。

1 確定申告が必要な人は？

確定申告をするのは個人事業主だけではありません。会社員でも高年収の人や副収入がある場合は、確定申告が必要になります。まずは、どんな人に確定申告が必要なのか知っておきましょう。

2 確定申告をする必要がある会社員も

複数の会社から給料をもらっている、年収が2000万円以上、または副業の収入が20万円以上ある人は、会社員であっても確定申告をしなければなりません。

作成した申告書は税務署に持参または郵送します。マイナンバーカード対応のICカードリーダライタ、もしくはe-Tax対応のスマホかタブレットを持っていれば、より簡単に申告ができます。

memo

確定申告書を作成し、納める税金があることがわかったら期限までに納付しましょう。税金を払いすぎていた場合、4～5月頃に指定の口座に還付されます。

3 必要なものを揃える

確定申告には源泉徴収票やマイナンバーカード（身分証明書）が必要となります。源泉徴収票は勤務先が作成するので、早めの準備を。

4 申告書を作成する

開業届を出している個人事業主には申告書が送られてきます。また、国税庁のサイトから申告書をダウンロードするか、「確定申告書等作成コーナー」で作成することも可能。各種確定申告ソフトでも作成できます。

控除が増えると納税額が減ってお得！

控除を活用すれば年数万円の節税も！

●控除を受けると年間で数万単位の節税ができる

自営業の場合は、確定申告の際に経費や青色申告特別控除など、さまざまな控除を申請します。

会社員の場合は、1年間の収入から給与所得控除が差し引かれます。また、生命保険に加入している場合は年末調整の際に申請すれば控除が受けられます。控除が増えると、天引きされていた所得税額が少なくなり、その分年末調整でお金が戻ってくるというわけです。

ただし、医療費控除やふるさと納税は、自分で確定申告をしなければ控除を受けられないので気をつけましょう。また、iDeCoは年末調整で控除を受けられます。

年収にもよりますが、控除を受けることで年間に数万〜数十万円の節税ができます。

1 控除が少ないと税金が増える

税金を計算するときは、1年間の収入から控除を引いた課税所得に税率をかけて計算します。つまり、控除が増えると課税される金額が減るということ。控除にはさまざまな種類がありますが、自分で申請しなければいけない控除もあり、知らないと損をすることも。

2 お得な控除を申請しよう

医療費控除とふるさと納税は会社員でも申請しやすく、お得な控除です。医療費控除の申請は確定申告をする必要がありますが、ふるさと納税はワンストップ特例制度を利用できれば簡単！　老後のためにiDeCo（個人型確定拠出年金）を検討するのもアリ。

3 医療費控除

1年間で家族全員の医療費が10万円を超えた分が控除に。また、薬局などで購入した薬代が1万2000円を超えた場合はセルフメディケーション税制が受けられます。ただし、併用はできないのでお得なほうを選びましょう。

4 iDeCo（個人型確定拠出年金）

自分の年金を自分で毎月積み立てながら、所得税と住民税が節約できるしくみ。積み立てたお金は原則60歳まで引き出せませんが、全額所得控除の対象になるのでお得です。

5 ふるさと納税

好きな自治体を選んで寄附をすると、寄附金額から2000円を差し引いた額が控除対象になり、その年の所得税や翌年の住民税が控除されるしくみ。自治体から特産品がもらえるのもお得です。

美味しい特産品がもらえてうれしいわ

消費税って何のために払っているの？

知っておきたい消費税のこと

●消費税は誰でも平等に支払う税金

消費税はモノを買ったり、サービスを受けたりするとき、収入額にかかわらず誰でも均等に支払う税金です。

消費税は2019年10月に8％から10％に引き上げられましたが、食料品や新聞は8％のまま据え置きにする軽減税率が導入されました。

所得税と法人税は減税されている一方で、消費税は増税されています。消費税は所得の低い人に負担が多い間接税です。

八百屋
ハ

イートインは
10%になります
牛丼

1 軽減税率って何？

2019年に消費税が10%になる際にできたルール。酒類を除く飲食料品と、週2回以上発行されている新聞を定期購読契約している場合が対象で、消費税8%が適用されています。

お持ち帰りは
消費税8%です
弁当

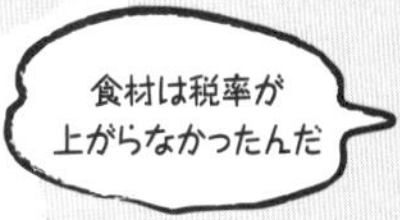
食材は税率が
上がらなかったんだ

お店で飲食する場合は消費税が10%かかりますが、テイクアウトや宅配サービスは8%のまま据え置きとなりました。

ソフトドリンクは
8%だけど
お酒は10%だよ
テイクアウト
なら8%で
いいんだね
居酒屋

出産費用は
消費税が
かからないのね

2 消費税がかからない場合も！

出産費用や教育費、住宅購入など、消費税がかからないモノやサービスもあります。また、個人間で取引するネットオークションなども非課税です。

財産を相続すると必ず税金がかかるの？

相続税のしくみを理解する

●財産を相続する人数によって控除額が変わる

故人が残した現金や家などの財産は、配偶者や子ども、両親らが相続することになります。これを相続財産といい、受け取る際は親族間であっても相続税が課されます。

相続税には控除があり、所得税と同じで控除限度額を超えた分に税金がかかるのです。

ただし、相続税の控除は「3000万円＋相続する人1人につき600万円」が非課税となるので、相続税が発生するケースはあまり多くないようです。

たとえば、夫が亡くなり、妻と子ども2人が遺産を受け取る場合、財産が4800万円以下なら相続税がかかりません。しかし、相続する財産によっては控除を受けるための条件があり、必要な手続きも多くあります。相続の意思決定は命日から3カ月以内など、期限も決められていますので注意しましょう。

株券

1 相続できる財産はさまざま

両親や配偶者が亡くなったあと、財産は身内に相続されます。現金や預金はもちろん、家や土地、車、宝飾品などあらゆる財産が相続対象です。これらの財産を相続するときに相続税が課されます。

2 配偶者は必ず相続できる

故人が既婚者の場合、配偶者は必ず財産を相続できます。配偶者、子ども2人の場合は配偶者が2分の1、子どもが4分の1ずつといったように、相続できる順番があることを知っておきましょう。

配偶者に子どもがいない場合、両親も受け取れるんじゃよ

控除があるから相続税を払う必要はないようね

3 相続税にも控除がある

故人から財産を相続するときには相続税が課せられますが、基本的には3000万円+(600万円×法定相続人の数)の控除が受けられます。控除を超えた分にだけ税金がかかるというしくみです。

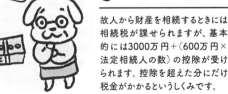

やってみたいけど、しくみがわからない!

ふるさと納税がお得な理由

●自己負担の2000円以外が控除される

納税で得する方法に、ふるさと納税があります。ある地方自治体に2万円寄附すると、自己負担の2000円を差し引いた1万8000円が、その年の所得税や翌年の住民税から控除されます。

控除される金額は収入や家族構成によって異なりますが、複数の自治体に寄附しても自己負担は2000円となります。

豪華な返礼品がもらえることで知られるふるさと納税ですが、元々は市区町村による税収格差の是正のためにつくられた制度です。

都市部の人口が増え、地方の人口が減ってしまうと、地方の税収が減ってしまいます。そこで、居住地や出身地を問わず、応援したい自治体に寄附ができるようにしたのです。

1 寄附する自治体が選べる

ふるさと納税は、自分が住んでいる自治体ではなく、好きな自治体を選んで寄附ができます。また、寄附をするとその土地の特産品や日用品、旅行券など、さまざまな返礼品がもらえます。

お礼に地元で有名な
フルーツを送ります
地方自治体B

寄附をすると
税金の一部が
控除されますよ
私は特産品が
美味しそうな
ところに
寄附するわ

2 税金が控除になる

ふるさと納税を利用すると、その年の所得税や翌年の住民税の一部が控除されます。ただし、収入によって全額控除を受けられる寄附金額の上限が決まるので、いくらでも控除を受けられるというわけではありません。

税金の
控除には
申請が必要です

memo

ふるさと納税で控除を受けるためには確定申告が必要ですが、確定申告をしない会社員で、寄附する自治体が5つ以内の場合、より申請が簡単なワンストップ特例制度が利用できます。

COLUMN 06

空気を吸うなら税を払え!?世界のユニークな税金

●社会問題を解決するため課せられる税金も!

国の財源である税金の中には、かなり変わった税もあります。18世紀のフランスで検討された空気税はその最たるもの。貴族や教会など特権階級からも徴収するため空気に課税しようとしたところ、さすがに反発も多く中止になりました。

社会問題を解決するために課せられる税もあります。2011年にハンガリーで施行された通称〝ポテトチップス税〟は肥満対策で導入されたもの。砂糖や塩分の多い食品が対象となりました。ユニークなところでは牧羊大国ニュージーランドの家畜ゲップ税。ゲップには二酸化炭素やメタンが多く含まれるため、地球温暖化対策というのがその名目です。

明治初期、日本にもうさぎ税という税がありました。投機としてうさぎの人気が上がり、取引に生活費をつぎ込む人が多く出てきたことから、東京府がうさぎに高額な税をかけたものです。

7章

お金の備え方のキ・ホ・ン

思わぬケガや病気などで、予想もしなかった出費がないとも限りません。備えあれば患《うれ》いなしというように、日頃からお金は蓄えておいたほうがいいでしょう。そこで本章では、「お金の備え方」について紹介します。

何が起こるかわからないから備えが大事

人生のリスクを知っておこう

●突然のピンチにも対処できる備えが必要

人生のピンチはさまざまな場面で訪れます。老後の準備は時間をかけてできても、病気やケガ、リストラ、失業などはほとんどの場合、突然やってきます。すぐにお金が必要になっても、あらかじめ備えていなければ対処できません。

人生ではどんなリスクが起こり得るかを事前に知っておき、保険に加入する、貯蓄をしておくなど、万が一に備えておく必要があります。

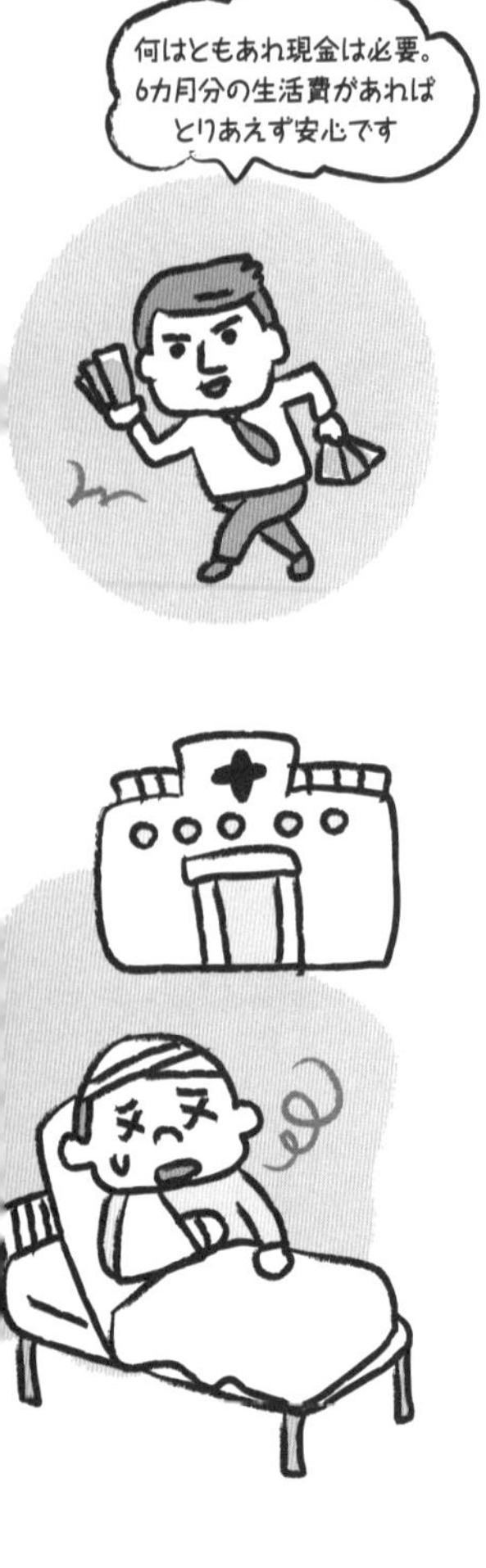
何はともあれ現金は必要。6カ月分の生活費があればとりあえず安心です

1 万が一に備えよう

事故によるケガや突然の病気、リストラ、就業不能など、人生はいつ何が起こるかわかりません。だからこそ、万が一に備えて日頃から準備をしておくことが大切です。

リストラされて
仕事がなくなって
しまった……

ちゃんと保険には
加入していますか？

2 備え方を知っておこう

貯蓄があると安心ですが、それ以外にも国による公的保障や民間の保険、家族の助けなど、万が一の備えはいろいろあります。日頃から考えて、どんな備えを長期的にしておくべきか決めておきましょう。

介護のことも
考えなくちゃね
思ったよりも
ケガがひどくて、
入院が
長引きそうだ
不安が
少なくなると
いいですね

国の保険と民間の保険の違いって何?

ちゃんと知っておきたい保険の基礎知識

●国の保険と民間の保険でリスクに備える

日本に住む人は、原則として国の保険である公的保障制度に加入しています。公的保障の代表例として、健康保険や遺族年金、雇用保険などがあります。

病気やケガをしたとき、死亡したとき、働けなくなったときなどに、少しでも負担を減らすためにある保険ですが、保険の助けを借りてもお金が足りなくなることがあります。

たとえば、病気で入院したとき、治療に必要な診療には健康保険が適用されますが、入院費には適用されません。入院が長引くほど働けない期間も長くなり、負担も増えてしまいます。

そうした公的保障の不足分をカバーしてくれるのが、民間の保険です。民間の保険はお金を払って安心を買うようなイメージで、保険会社があらゆるリスクに備えてプランを用意しています。万が一のときの心強いサポート役というわけです。

日本には皆保険制度という強制加入の公的医療制度があります。年齢層によって異なりますが、所得にかかわらず1～3割の負担で済みます。

1 暮らしを守る国の保険

病気やケガの治療費や、老後の生活費をすべて自分で払うのは大変。万が一のことがあっても安心して暮らせるように、国の保険である公的保障があります。

2 お金が足りない場合

治療方法によっては健康保険が適用されなかったり、貯蓄が少なく国の年金だけではお金が足りなくなったりすることもあります。そんなときのために、民間の保険会社がさまざまな保険を販売しています。

3 選べる民間の保険

民間の保険会社が販売している保険商品は、目的に合わせて選ぶことができます。がん保険や就業不能保険など、保障内容はプランによって異なり、どんなリスクに備えたいかによって選択できるようになっています。

病気やケガをしてしまったら負担はどれくらい？

年齢によって変わる公的保険の負担額

●医療費が高額になっても安心できる

公的保障には、医療機関を受診した際に、医療費の負担を原則3割とする公的医療保険があります。

会社員なら健康保険（社会保険）、自営業なら国民健康保険に加入しているはず。診察を受けるときに健康保険証を見せれば、自己負担額は全体の3割となり、残りの7割は税金から支払われるというしくみです。

また、医療費が高額になってしまったときのために、高額療養費制度というものもあります。たとえば、医療費が１００万円になってしまったとき、3割負担だと30万円を支払わなくてはいけません。いくら3割とはいえ、30万円は大きな負担です。そこで、所得によって自己負担分の限度額を設定し、それを超えた分はあとで払い戻してもらえるという制度です。ただし、払い戻してもらうには申請が必要になります。

1 医療費の自己負担は3割

原則、医療費の自己負担額は30%。未就学児と70〜74歳は20%、75歳以上は10%と、年齢によって自己負担額は変わります。ただし、70歳以上でも所得が十分にあると自己負担額は30%となります。

バリバリ働く
現役世代は
3割負担!

わしらは
2割負担じゃよ
ボクはまだ
幼稚園児
だもんね!

2 医療費が高額になったら

治療の内容や入院の長期化によって、医療費が高額になってしまうことも！　そんなときのために高額療養費制度があり、申請することで限度額の超過分を払い戻すことができます。

3 自己負担限度額とは

高額療養費制度では、所得によって自己負担額の上限が決められています。加入している保険によって上限が低く設定されているものもあるので、加入している保険をチェックしておくといいでしょう。

高額療養費制度なら
自己負担は
約9万円ですよ
医療費が
100万円を
超えてしまった

急に入院や失業したらどうすればいい？

働けなくなったときの保障を知っておこう

●公的保障を活用して家計の負担を減らそう

出産や育児期間中のほか、ケガや病気で予期せず働けなくなってしまうことは、誰にでも起こり得ることです。仕事ができず、収入が途絶えてしまったら、生活が苦しくなってしまうでしょう。

そうなったときに、生活が困窮しないよう国はさまざまな保障を用意しています。まず、子どもが生まれたときは出産育児一時金が支給されます。健康保険から直接病院に支払われ、出産費用に充てることができます。

また、産休や育児休暇を取得する間、会社から給与が止まったり減ったりする場合は、出産手当金や育児休業給付金を受け取ることができます。

また、ケガや病気で働けなくなった場合は傷病手当が、失業してしまった場合は雇用保険から給付金が出ます。いずれも自分で申請する必要があるので、どんな場合にどんな保障があるのかを知っておきましょう。

1 働けない間の公的保障

安心して
出産することが
できるわ

出産や子育てで仕事を休むときや、病気、失業などで働けなくなってしまったときこそ、公的保障に頼りましょう。収入がなくなってしまう期間もしっかり支えてくれるので安心です。

2 子どもが生まれたとき

子どもが生まれたときは、出産育児一時金として50万円が支給されます。また、出産のために休職をする間、出産の42日前から出産後56日まで月収の3分の2が日割りで支払われる出産手当金という制度もあります。

3 育児休業期間中

育休期間に会社から給与が支払われない場合、最初の半年は月収の3分の2、それ以降は月収の2分の1がもらえる給付金。女性だけでなく育休を取得する男性にも適用されます。

4 ケガや病気で休業中

業務中以外でのケガや病気の治療で休業、または連続する3日を含む4日以上仕事に就けない場合は、傷病手当金が受け取れます。4日目から1年6カ月目まで、給料の約3分の2が支給されます。

5 失業したとき

失業してしまっても、求職活動をしていることが証明できれば一定期間、求職者給付として1日あたり5488円を支給（失業前の給料の金額にもよります）。また、求職者給付金をもらっている間に再就職したときは、再就職手当が受け取れます。

memo

入院が長引いたり、自費診療が増えたりして治療費がかさむと、公的保障だけではまかなえなくなることがあります。そんなときのために、民間の保険も併用することを考えておくといいでしょう。

備え方⑤

遺族に必要なお金を残す方法を知っておこう

もし一家の大黒柱が亡くなったら？

●死亡後のリスクに備える遺族年金

家計を支える大黒柱が亡くなってしまっても、残された家族の人生は続きます。そんなときのために、国の保障として遺族年金があります。

遺族年金には2種類あり、子どものいる配偶者か子どもに遺族基礎年金が支払われます。また、亡くなった人が会社員の場合は、配偶者と子ども以外に、父母や孫、祖父母なども受給対象者とした遺族厚生年金を受け取ることができます。

亡くなった人の月収や配偶者の年齢、子どもの人数などによって年金額は変わりますが、両方の遺族年金を受け取ったとしても生涯の生活費は足りません。備えを十分にするためには、民間の保険に入ることも検討したほうがいいでしょう。

1 死亡後にいくら必要？

経済的な損失を考えても、死亡は大きなリスク。万が一、妻や子ども、両親らを残して亡くなってしまった場合、家族が生きていくためにいくらお金が必要かを考えておかなければいけません。

子どもが
独立したあとも
暮らしていけるかしら
僕が家を出るまでに
あと20年以上あるよ

2 遺族に必要な生活費

たとえば、0歳の子どもが独立するまで22年と考えた場合、親子の生活にかかる費用は約4600万円。妻が70歳まで生きるとすると、子どもの独立後の生涯生活費はさらに約4200万円かかります。

3 遺族年金は2種類

年金加入者だった人が亡くなった場合、18歳に達していない子どもか、同じく18歳に達していない子どものいる配偶者は、遺族基礎年金として1年で78万1700円と子どもの加算分を受給でき、これは子どもの人数によって加算されます。また、亡くなったのが会社員の場合は、さらに遺族厚生年金が支払われます。

4 生命保険で備える

国の遺族年金で足りない分は、民間の生命保険に入っていれば補えます。保障期間や受け取る保険金の額によって月々の支払額が変わるため、ライフスタイルに合った保険を選びましょう。

年金加入者が
亡くなったら、
国が遺族を保障します

定年退職後、年金だけで暮らせるの？

年金制度のことを把握しておく

●老後に備えて年金受給額を把握しておこう

老後の主な収入となる年金は、大切な生活資金になります。老後にお金で苦労しないようにしっかり納めておくべきなのはもちろん、それでも足りない分は計画的に準備しておきましょう。

厚生年金のない個人事業主は、付加年金や国民年金基金といった独自の年金制度もあります。iDeCoやつみたてNISAなどの個人年金保険と併せて検討してみましょう（※NISA制度は2024年に新NISAに改正）。

memo

納付期間が長いほど年金は増えます。それ以外にも夫婦で共働きをする、個人年金に加入する、年金の受け取り開始の時期を遅らせるなど、将来もらえる年金を増やす方法があります。

1 会社員と公務員は厚生年金

会社員や公務員のように、厚生年金に加入している人を第2号被保険者といいます。自動的に国民年金にも加入していることになるため一般的に年金受給額が多くなります。

年金は
会社と折半して
いるんです

2 扶養されている人は国民年金保険

第2号被保険者に扶養されている20歳以上60歳未満の人は、第3号被保険者となります。年収が130万円を超えると資格を失います。

収入が
いくらあっても
保険料は
変わらないよ
魚屋

3 個人事業主は国民年金保険

第1号被保険者は、20歳以上60歳未満の自営業者や農家などの個人事業主とその家族、または学生です。2020年度の1人あたりの保険料は月額1万6540円で、世帯主がまとめて支払うことになっています。

> 年金への加入は、日本に住む20歳以上60歳未満の人に義務づけられていて、原則として65歳から受け取ることができます。加入する年金や、保険料を納めた期間に応じて受け取れる金額が異なるのですが、満額受け取れたとしても老後の生活費は月々約7.5万円不足するといわれています。
> ※総務省「家計調査報告（2018年）」、厚生労働省「厚生年金保険・国民年金事業の概況（2016年）」より算出

4 個人年金保険に加入する

個人年金に加入しておくと、国から受け取る年金では足りない場合の備えになります。会社員、自営業を問わず加入でき、確定申告をすると税制優遇制度が利用できます。個人年金には、iDeCoやつみたてNISAなどがあります。

コツコツ貯蓄？ 65歳以上でも働く？

老後資金が足りない場合はどうしたらいい？

●年金生活が厳しい場合は再就職という手も

定年退職後、穏やかに年金暮らしをしていけるのが理想ですが、年金の平均支給額が夫婦で月に19万円となるとやりくりが難しくなることも考えられます。そこで、働いているうちから年金だけでは老後資金が足りないことを想定して、計画的に準備をしておく必要があります。

まずは、住宅ローンや老後のライフプランを踏まえて、月々に貯めておくべき最低限の老後資金を考えてみましょう。もし足りないようなら、定年退職後の再就職なども考えておかなくてはなりません。

健康寿命が延びていることもあり、65歳以上でも働ける職業は増えています。ただし、65歳を超えて働く場合、年金と給料の合計が47万円を超えると厚生年金の支給額が減額されてしまいます。また、基礎年金については対象外となってしまうことも頭に入れておきましょう。

1 老後を想定して準備を

年金受給額の平均は、夫婦2人で月に約19万円。生活水準にもよりますが、年金だけでやりくりすると考えるとやや心許ない金額です。今のうちから老後資金を割り出し、準備しておきましょう。

子育て中は
なかなか
貯金できないわ
積立貯金で
少しずつ
貯めていこう

30代の場合

子どもが
手を離れたから
私も働くわ
贅沢《ぜいたく》しすぎず
貯金をしておこう

50代の場合

銀行
収入が増えて
お金も貯まってきた!

40代の場合

まだまだ
元気だから
もう少し働こう

65歳以上の場合

2 65歳以上でも働ける

平均寿命が延びていることもあり、最近では年金受給が始まる65歳以降も現役で働く人が増えています。老後の資金準備が間に合わなかった場合は、定年後も働き続けるという選択肢もあります。

保険に加入しておけば災害に遭っても安心

住宅への備えも忘れてはいけません

●災害で家を失わないために保険に入ろう

35年ローンでやっとマイホームを手に入れたのに、災害によって家を失ってしまったらと考えると不安でしかたありません。

万が一災害に遭ったときのために、家を購入するときは保険に入っておきたいものです。火災保険は必須で、地震が多い日本では地震保険にも加入しておいたほうがいいでしょう。保障金額は契約内容によって異なり、再調達価額と時価額から選ぶことができます。

たとえば、2000万円の家を購入し、10年後に火災で家を失った場合、再調達価額の保険に入っていれば、購入時の価値と同じ2000万円の保険金がおります。時価額の保険に入っていた場合は、現在の価値の分しか保険はおりません。ただし、再調達価額のほうが保険料は高くなりますので、契約する際によく検討する必要があります。

1 マイホームには保険を

自然災害が多い日本では、マイホームを守るために保険に加入することは必須といっても過言ではありません。火災保険や地震保険に加入しておけば、万が一火災や地震の被害に遭っても保障してもらえます。

保険に加入して
万が一に
備えましょう
保険

洪水被害
落雷
地震
火災
盗難

物体の
落下・飛来

2 補償対象が広い火災保険

火災保険は、火災に遭ったときはもちろん、落雷や水害、盗難など、さまざまな被害が補償対象に含まれています。また、建物だけでなく家電や衣類などの家財も補償対象にすることができます。ただ、地震の被害については、地震保険への加入が必要になります。

自賠責保険と任意保険で万が一に備える

車の備えも大人ならちゃんとすべき

●被害者への補償と自分への補償もあるのが任意保険

車を運転する人は、事故を起こしてしまった場合に備えて、被害者への最低限の補償を行う自賠責保険への加入が法律で義務づけられています。

ただし、自賠責保険の補償額には上限があり、自分や同乗者への補償はないため、任意保険にも加入しておくべきです。

任意保険は、いくつかの補償を組み合わせるしくみ。たとえば、川に転落するなどの自損事故でも補償してもらうことができます。

また、自賠責保険では、被害者に過失があっても賠償金は減額されませんが、任意保険では被害者に過失があった場合、過失分が差し引かれます。

保険料は若いほど高くなりますが、入っておけば安心です。

1 車に乗るなら保険は必須

安全運転を心がけていても、いつ事故を起こしてしまうかわかりません。また、自分が事故を起こすだけでなく、事故に巻き込まれることもあります。万が一に備えて、加入が義務づけられた自賠責保険だけでなく、任意保険にも加入しましょう。

保険
私がお相手と
示談交渉します!

2 自賠責保険のみ加入の場合

万が一車で人をはねてしまった場合、相手がケガをしてしまったら最高で120万円、死亡させてしまったら最高で3000万円の補償があります。ただし、モノや車両に対する補償はありません。

3 任意保険にも加入していた場合

人に対してもモノに対しても、無制限で補償することが可能なのが任意保険です。事故を起こした車両に対しての補償は、契約によって変わります。また、被害者との示談交渉も保険会社が行ってくれます。

COLUMN 07

健康維持がいちばんの備え！人生100年時代を生き抜く

●健康寿命を延ばすため意識しておきたいこと

服を着たり脱いだり、食事をしたり、お風呂に入ったり。人の手を借りずに、そうした健康的な日常生活を送れる期間を健康寿命といいます。健康意識の高まりを受け、現在は平均寿命と健康寿命の差は縮まりつつあるようです。

2017年度の厚生労働省の統計によると、国民1人あたりの生涯医療費は2724万円。一方、年間医療費は33・9万円。高齢者ほど出費が多くなっています。医療費の増大は国にとっては正に死活問題。そこで個人の健康への備えが重要になってくるのです。健康すなわち医療費の抑制につながるからです。

適度な運動や栄養バランスの取れた食事は健康維持の第一歩。定期的に検診を受けることは、病気の予防と早期発見につながります。人生100年時代を生き抜くため、日本の暮らしを守るためにも健康への備えは怠らないようにしましょう。

8章

金融知識のキ・ホ・ン

毎日の生活の中で使われているお金。経済的に自立した大人になるためには、お金やお金の流れに関する知識や判断力（金融リテラシー）を身につけることが重要です。本章では、誰もが知っておくべき金融の基礎知識をまとめました。

金融には直接金融と間接金融がある

金融とは何かを知っておこう

●お金を持つ人が必要な人に融通することを金融と呼ぶ

金融とは簡単にいえば「金銭の融通」です。お金を持っている人が、お金が必要な人に、利息を支払うことを条件にお金を貸す。このようなお金の融通を金融と呼ぶのです。

金融には「直接金融」と「間接金融」があります。直接金融は、お金の必要な企業が、株式や債券の発行で直接、資金を調達する方法です。間接金融は、お金の必要な企業が銀行などからお金を借りる方法です。

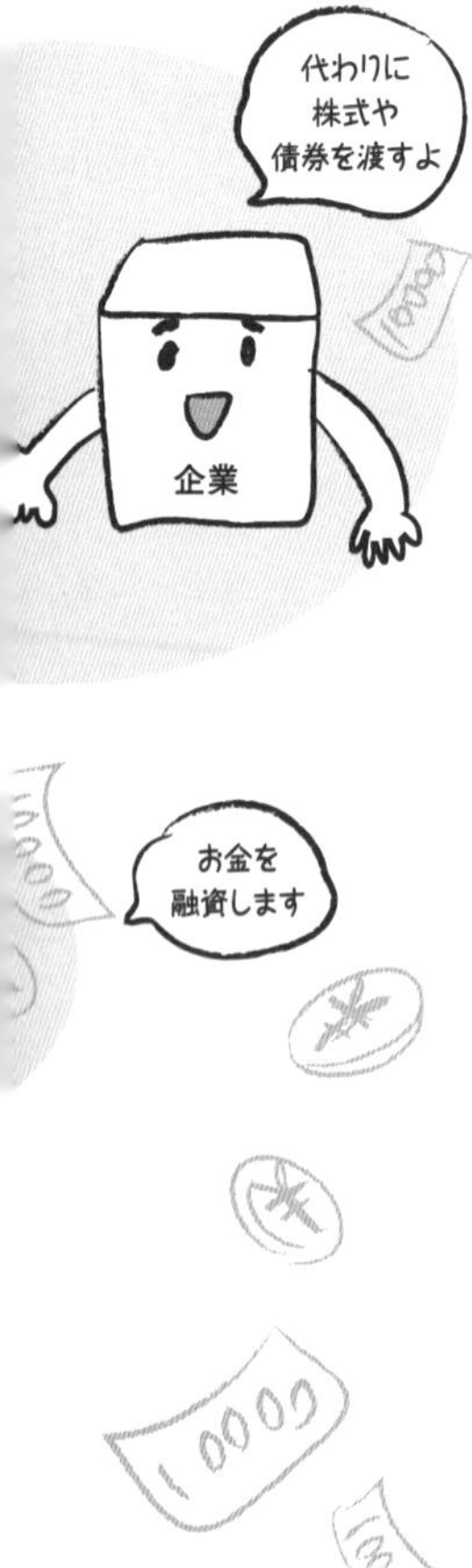
代わりに
株式や
債券を渡すよ
企業
お金を
融資します

1 直接金融

直接金融では、お金が必要な企業が株式（株券）や債券を発行して、それを投資家に買ってもらってお金を調達します（投資家と企業の間には証券会社が入って仲介します）。「企業が倒産して、投資したお金が返ってこない」といったリスクは、投資した人が負うことになります。リスクがある分、投資家の儲けは大きくなります。

お金が
必要だから
資金をちょうだい

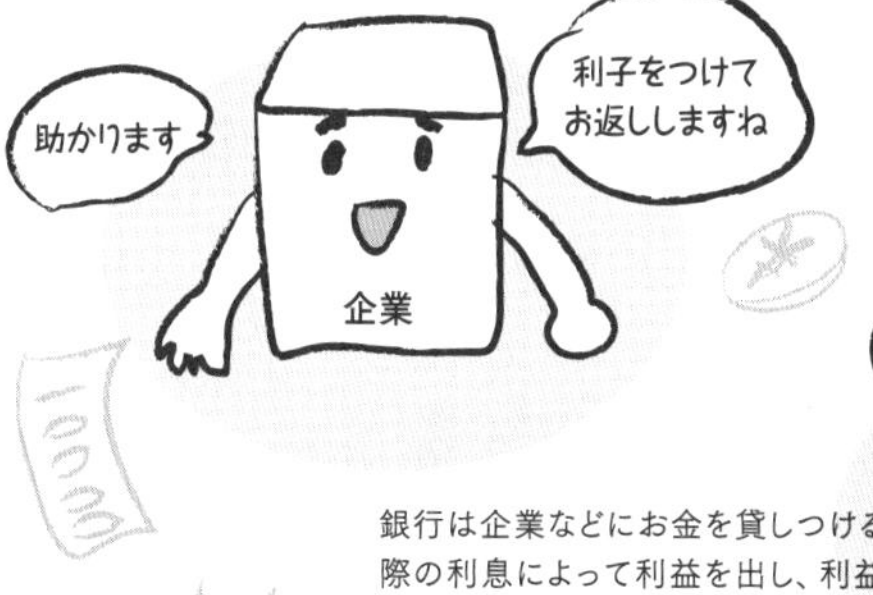
助かります
利子をつけて
お返ししますね
企業

銀行

銀行は企業などにお金を貸しつける際の利息によって利益を出し、利益の一部が預金者に利息というかたちで還元されます。

銀行に預けたら
利息がついた

2 間接金融

間接金融では、お金が必要な企業が、銀行などの金融機関からお金を借りて資金を調達します。銀行が貸すお金は、銀行利用者の預金などです。銀行からお金を借りた企業が倒産した場合でも、銀行が破綻しない限り、預金者のお金は守られます。

さまざまな金融機関が金利というしくみを使っている

「金利」は金融機関の基本的なシステム

●借りたお金は金利の割合で増えていく

銀行には、都市銀行、地方銀行などの「普通銀行」、「信託銀行」、ゆうちょ銀行、ネット銀行があります。銀行以外で預金ができる金融機関としては、信用金庫、信用組合、労働金庫などの「協同組織金融機関」もあります。

そのほかの金融機関としては、「証券会社」や「保険会社」、消費者金融会社や信販会社などの「ノンバンク」もあります。

多様なタイプの金融機関が存在していますが、いずれも「金利」というしくみを使っているという共通点があります。

金利とは、借金を返済する際に支払う利子を算出するための割合のことです。たとえば、1000円を1年10%という金利で借りたとすると、1年後にお金を返す際には1100円を支払うことになります。なお、金利は通常「年利」といって1年での利率を示しています。

1 普通銀行

銀行

大都市に本店を構える都市銀行や、地方に本店を構える地方銀行などが、普通銀行です。ネット銀行も、この普通銀行に含まれます。

資産の運用ならお任せください
銀行

2 信託銀行

信託銀行の「信託」とは、専門家に資産の運用を任せることを意味しています。

3 協同組織金融機関

個人事業主、中小企業、農業者、漁業者などが助け合うために組織した協同組合が金融業務を行っています。

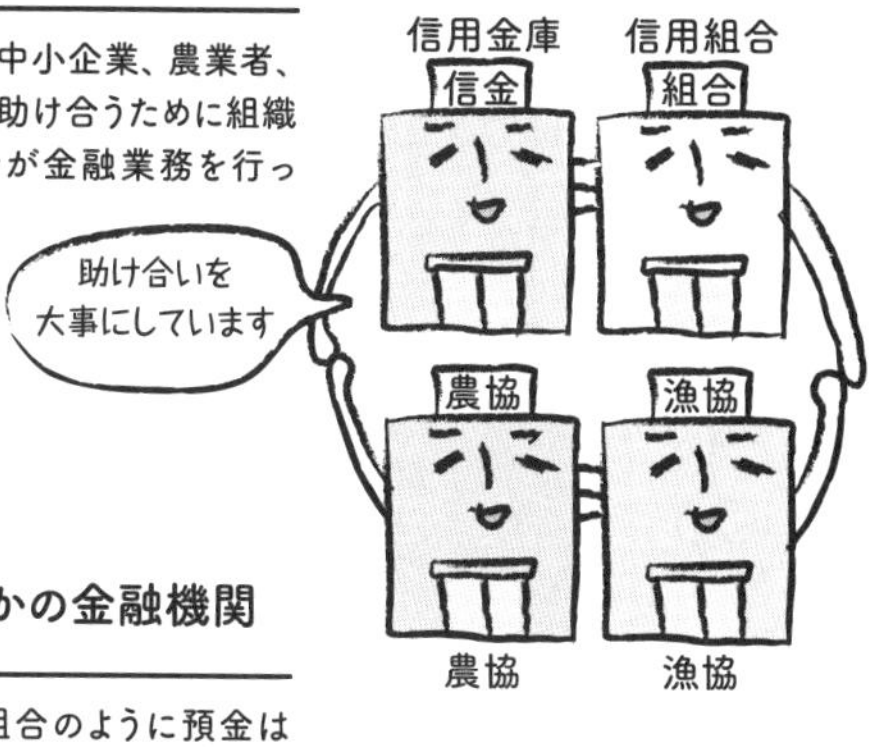

信用金庫
信金
信用組合
組合
助け合いを大事にしています
農協
漁協
農協
漁協

4 そのほかの金融機関

銀行や協同組合のように預金はできませんが、そのほかの金融機関としては証券会社、保険会社などがあります。

金利と利子、利息、利回りは、どう違う？

金利の種類としくみを知ろう

●利回りに応じて利子＝利息が増えていく

前項でも解説したとおり、お金を貸したり、お金を預かったりするなど、お金の融通を仲介するのが、銀行をはじめとした金融機関です。

金融機関ではお金を預かると、預かっている期間や金額に応じてお金を支払います。そのお金を支払う金額を決める割合が金利です。

金利と似た言葉として、「利子」「利息」「利回り」といった言葉もあります。これらはそれぞれ意味が異なっています。

利子と利息は、借金に対して借りた側が元金に追加して払う金額のことなので、実質的に同じものです。一般的には銀行の場合には借りた側からは利子、貸した側からは利息と呼びます。ただし、ゆうちょ銀行の場合にはいずれも利子と呼びます。利回りは、借りたり貸したりした元金が、1年でどれぐらい増えるかを表す割合です。

利子と利息の違い

銀行に預けた場合

預金を
お戻しします
銀行
やったぁ!
利息が
ついたぞ

利息はお金を貸した側が、借りた側から受け取る手数料。銀行に預け入れをして増えた分なので、利息という。

銀行から借りた場合

利息をたしかに
受け取りました
銀行
利子をつけて
お返しします

利子はお金を借りた側が、貸した側に支払う手数料を指す。

利回りとは?

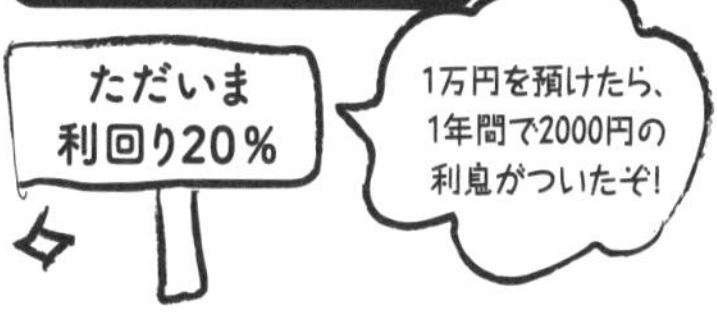
ただいま
利回り20%
1万円を預けたら、
1年間で2000円の
利息がついたぞ!

元のお金（元本）に対して、どれくらい増えたかを示す割合で、通常は年利（1年間での利回り）を指す。

日本銀行ってどんな銀行か答えられます？

お金を発行する、銀行の銀行で、政府の銀行

●日本銀行には3つの大きな役割が存在する

ニュースなどでよく耳にする「日本銀行」（日銀）。名前に銀行とついていますが、我々がよく利用する民間の銀行とは大きく違い、3つの役割を担っています。

お札を見ると「日本銀行券」と書かれており、日本銀行が発行しています（製造は、国立印刷局で行われています）。これが1つ目の役割の「発券銀行」です。使えなくなった古いお札の処分などの管理も日本銀行が担当しています。

2つ目の役割は「銀行の銀行」です。企業や個人が民間銀行に預金したり、民間銀行からお金を借りるのと同じように、民間銀行は日本銀行に預金したり、日本銀行からお金を借りるのです。

3つ目の役割は「政府の銀行」です。政府は日本銀行に口座を持っていて、税金はここに集められます。公共事業費や年金などのお金を支払ったりと、国のお金に関する業務を行っているのです。

1 発券銀行

国立印刷局で印刷されたお札は日本銀行に運ばれます。日本銀行はそのお札で民間の金融機関に支払いを行い、民間の金融機関を通じてお札を社会に流通させ管理しています。これが発券銀行としての日本銀行の役割です。また、傷んだ古いお札を、きれいなお札と交換する役割も果たしています。

2 銀行の銀行

民間の金融機関は日本銀行に当座預金口座を持っています。企業や個人が民間の銀行を利用するように、民間の金融機関は日本銀行に預金したり、日本銀行からお金を借りたりしているのです。

3 政府の銀行

国民から集めた税金や国債を売ったお金などは日本銀行に入金されます。公共事業費や年金などは日本銀行から出されるのです。

返済義務の有無、経営への関与などに違いが！

投資には2つの意味がある

●よく似た言葉でも出資と融資には大きな違いがある

「投資」という言葉を辞書で引くと、「将来の利益を期待して資金を出すこと」などと書かれています。この投資に含まれる言葉で、「出資」と「融資」があります。似たような言葉ですが、出資と融資には大きな違いが存在するのです。

出資は会社や事業の成長を期待して行われる投資で、基本的には株式を買うかたちで行われます。

一方の融資は、投資された側が利子をつけてお金を返済しないといけないタイプの投資となります。貸付、債券の購入といったかたちで行われます。

出資した人は経営に口を出せますが、融資だと経営に関われないといった違いも、出資と融資の間には存在します。

出資

事業成功
やったぁ！　配当金が
たっぷりもらえた
事業失敗
出資したお金が
戻らないなんて……

出資は株式を買うなどのかたちで行われます。出資した人は、株主総会で経営に関わることができます。事業が成功すれば利益が配当されますが、事業が失敗しても会社に返済義務はないので出資したお金は戻ってきません。

融資

事業成功
購入した社債に
利息がついた
事業失敗
でも、会社が
倒産したらお金は
戻ってこなかった
かもね
事業が失敗しても、
社債に利息がついて
お金を返してもらえた

融資は貸付や債券の購入などのかたちで行われます。融資した人は返済を受ける権利と、利息を受け取る権利を得られます。事業が成功しても失敗しても、お金は返済されます。ただし、事業が大成功しても返ってくる額は同じです。また、会社が破綻した場合は返済されない危険性もあります。また、出資と違って経営に関わることはできません。

同じ意味じゃないの!? 預金と貯金は異なります

1 預金の意味

銀行、信用金庫、信用組合、労働金庫などにお金を預けることを「預金」といいます。銀行法、信用金庫法などでも預金という言葉が使われています。「預」は預けるという意味で、預金者の決済用の資金を預かっておくという意味があったので、預金と呼ばれるようになったといわれています。

2 貯金の意味

郵便局（ゆうちょ銀行）、農協（JAバンク）、漁協（JFマリンバンク）にお金を預けることを「貯金」といいます。郵便貯金法、農業協同組合法、水産業協同組合法でも貯金という言葉が使われています。「貯」は貯めるという意味で、中小事業者や農林漁業の人たちのお金を貯めるという意味があったので、貯金と呼ばれるようになりました。郵便貯金法でも貯金と書かれています。

郵便貯金
という言葉は
聞くけどね

貯金しませんか？
郵便局
貯金しませんか？
農協
貯金
貯金しませんか？
漁協

memo　しくみとしては預金と貯金に大きな違いがあるわけではありません。お金の預け先によって言葉の使い分けがあると考えればよいでしょう。

政府は対策としてマイナス金利政策を導入

どうして銀行の金利がずっと低いのか？

●預金の低金利が続いているのは不景気が原因

２０２３年８月現在の大手銀行の普通預金の金利は年０・００１％と、日本の銀行は低金利の状態が続いています。バブル期の定期預金の利率６％台と比べると、いかに今の金利が低いか実感できます。

低金利には不景気という背景があります。好景気だと、銀行からの融資に対して企業は利子をつけてお金を返せます。銀行もそのお金をもとに預金に高い金利をつけられますが、不景気でそれができないのです。

こうした中、政府は「マイナス金利政策」をとっています。民間の金融機関が日本銀行に預けている預金の金利がマイナスになったので、金融機関はお金を預けたままにしておくと日銀に対して金利を支払う必要があります。こうすることで、金融機関が日銀に預けていたお金の一部を企業への貸し出しに回すように促しているのです。

1 好景気の場合

好景気だと事業を拡大させるために、多くの企業が金融機関からお金を借ります。借り手が増えるので、銀行の金利も上がります。

借りる人がいっぱいだから金利を上げよう
銀行

企業へ融資するより日本銀行に預金しておこう
銀行

2 不景気の場合

不景気になると、企業にとって銀行からの借金の金利が負担となります。借り手は減り、銀行も企業への融資よりも、確実に金利がつくので日本銀行に預けることを選びます。

3 マイナス金利政策を導入したけれど……

銀行による民間企業へのお金の貸し出しを促すため、政府は日本銀行の金利をマイナスにしました（マイナス金利政策）。日本銀行にお金を預けたままだと、損をしてしまいます。この政策によって銀行は企業にお金を貸すようになるだろうと、政府は考えたのです。しかし、残念ながら思うような効果は出ていません。

memo

金利が比較的よいのは、ネット銀行、地方銀行などです。ボーナスの時期には「金利がメガバンクの○○倍！」というキャンペーンを実施していることもあります。

どんどん企業に融資しなさい
日本銀行
銀行
お金を預けているのに、金利を払うなんて……

銀行がつぶれたら預けたお金はどうなる!?

元本1000万円とその利息分までは守られる

●銀行をはじめとした金融機関も倒産することがある

1990年代のバブル経済崩壊後、さまざまな銀行の経営破綻が相次ぎました。銀行の経営が破綻した場合、預金していた人たちにはどういう影響があるのでしょうか？

まず、銀行を含めた金融機関は、債務超過（資産をすべて売却しても負債を返済できない状態）に陥って、金融庁から業務の停止を命令されると、経営破綻の状態となります。

ただし、銀行の経営が破綻しても、銀行預金は守られます。預金を守ってくれるのが預金保険制度です。金融機関の経営が破綻した場合、普通預金や定期預金など利息のつく預金や、元本補塡契約のある金銭信託などについては、1金融機関につき預金者1人あたり「元本1000万円までと破綻日までの利息」が保護されるのです。裏を返すと、この上限以上の預金は保護の対象外となります。

金融機関が破綻したときに預金者の預金を守るためのしくみが、この預金保険制度です。政府、日本銀行、民間金融機関が出資した預金保険機構が、預金者に保険金を支払うことで保護します。

保護される預金の金額には上限があります。1つの金融機関の預金は、預金者1人につき元本1000万円とその利息分までが保護されるのです。保護の対象外の預金は、破綻した金融機関の財産の状況によって支払われるので、カットされることもあります。なお当座預金や利息のつかない決済用預金は、1000万円を超えていても全額保護されます。

集めたお金で資産運用!?

じつは保険会社は金融機関なんです

●加入者が支払った保険料で保険会社は投資を行っている

予想もしなかった病気やケガなど、人生のさまざまなリスクに備えるための生命保険や医療保険などを扱う保険会社も、金融機関に分類されます。

保険会社は保険に加入した人たちから保険料を集めます。保険会社は集めたお金を、保険金の支払いのために貯め込んでいるわけではありません。集めたお金は証券会社を通じて、資産運用に使っているのです。

保険会社が加入者から保険料を預かってから保険金を支払うまでの期間は10～20年と長いものが多いです。この長い期間を使って、保険会社は資産の長期運用を行います。保険会社にとって加入者の長期契約は、長期運用のためにもありがたいのです。

保険会社は加入者のケガや病気を保障してくれる金融機関です。

加入者のケガや病気にかかるお金の保障は、加入者から集めたお金だけでなく、資産の運用益からまかなっています。

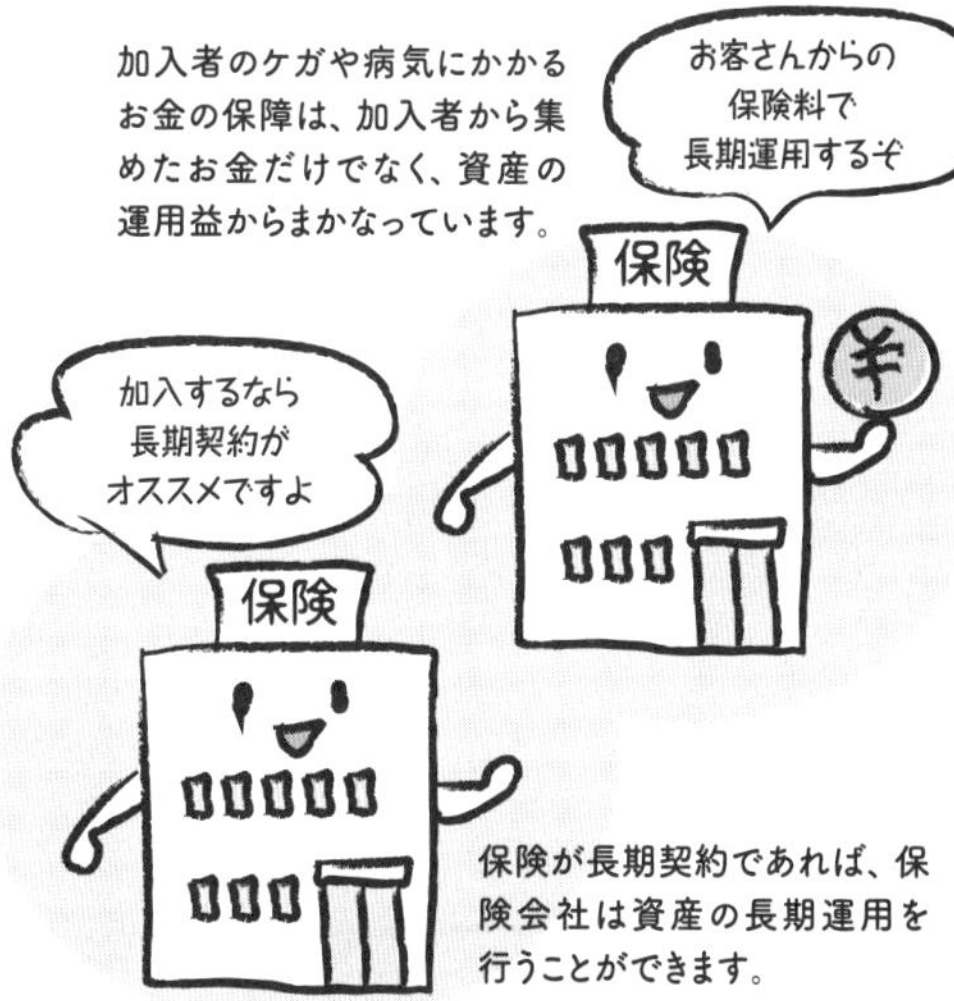

保険が長期契約であれば、保険会社は資産の長期運用を行うことができます。

COLUMN 08

利益より損失を過大に見積もると挑戦する気持ちがなくなる

●投資は悪ではなく資産形成のひとつの手段

金額は同じでも、利益を得た喜びより損失で生じた痛みのほうが強く感じる。この心理を行動経済学では損失回避バイアスといいます。100万円を投資に回して100万円の利益が生まれる可能性と、元手の100万円を失う可能性を天《てん》秤《びん》にかけたとき、後者をより強く意識する心理です。これは金融リテラシーとしては、いささか問題があります。

貯蓄を増やしたいときに預金しておけばいいと考えるのは、終身雇用が当たり前で老後資金も十分だった時代の話。年金が減る現役世代は、資産運用を考える必要があります。

大事なお金を株や不動産に投資するのは不安かもしれませんが、金融リテラシーの高い人は、資産形成のため、あえてリスクを取りにいっているのです。損する可能性を過大に見積もって、挑戦する気持ちを失わないようにしたいものです。

9章

お金の増やし方のキ・ホ・ン

先立つものは何といってもお金。将来的にお金が足りなくなるのでは？　と、不安を抱えている人も少なくないかもしれません。そこで、本章では投資を中心とした「お金の増やし方」について紹介します。

銀行預金も期待できない今、投資を学ぼう

投資こそがお金を増やすスタンダード

●お金を増やすため投資の基礎知識を身につけよう

銀行にお金を預けても、今は低金利時代なのでお金はほとんど増えません。手元にお金を置いておくタンス預金とさほど変わらないのです。

そこで、お金を増やす方法として投資があります。

投資は少額からでも始められますし、ちゃんとした知識さえあれば、投資のリスクを抑えることも可能です。まずは、投資に関する基礎知識を身につけるようにしましょう。

投資に興味はありませんか？
証券会社
株価が1日で20%上がることも珍しくありません
証券会社

投資とは、企業や資産が生み出す収益に期待して資金を出すことを指します。対象になるのは、株式、債券、不動産などです。たとえば、株式に投資した場合、その企業の業績が上がれば、株価も上昇して投資した人も利益を得られます。

お金が
増えるの?

もちろん、
その逆もあります
証券会社

投資する金融商品によっては、元本割れ(金融商品の価格が変動し、購入時の金額を下回ること)をする可能性もあります。投資のリスクは金融商品によって異なり、リスクが高いほどリターンも大きいのです。リスクが高いのは株式、リスクが低いのは債券、その中間は投資信託とされています。

投資は慎重に行う
必要がありそうだな

投資したら
20%の儲けに
なるんだ

投資を始める前に知っておくべき心得

生活費で投資を行ってはいけない

●生活に余裕がない人には投資はオススメできない

金融商品によって投資のリスクは違います。リスクが小さいものもあるとはいえ、前提として、生活費に余裕がない人、貯蓄がない人は投資に手を出さないほうがよいでしょう。

投資に使うお金としては、今すぐ使う予定のない資金が最適です。生活費を投資に使ってはいけません。

投資には、税金がかかることもあります。利益が出た場合は、その利益分に税金がかかるのです（購入時には税金はかかりません）。

ただし、利益が出ても、別の投資で損失が出た場合は、その損失分を控除できる場合もあります。損失によって合計の利益が0円以下の場合は、税金は発生しません。利益が出た場合は、原則として確定申告が必要です。損失した場合も、確定申告したほうが得になることがあります。

1 生活費を投資に充てない

投資に使っていいお金は、今すぐ使う予定のないお金です。生活資金などを使ってはいけません。また手数料が高い商品もあるので注意が必要です。

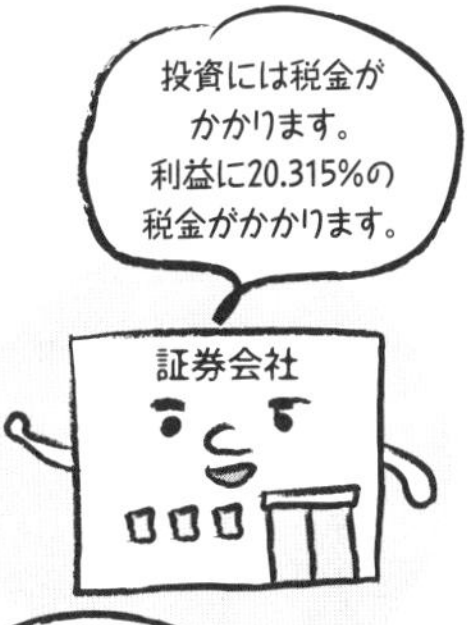

2 投資には税金がかかる

株式取引で利益が出た場合、元本（投資したときに払ったお金）ではなく、利益（配当金、分配金、売却益）の金額に所得税、住民税などがかかります。利益が出た場合は確定申告をする必要があります。損をした場合は、確定申告の必要はありません。ただし、証券会社が源泉徴収するタイプの特定口座（証券会社が1年の売買損益を計算してくれる口座）などで損失が出ている場合などは、確定申告をすることで所得税を減らすことができます。

投資方法はとにかくいろいろある

自分の目的に合った金融商品を選ぼう

●投資を始めるためまずは証券会社で自分の口座を開く

投資に挑戦しようと思っても、「そもそも何から始めればいいのかわからない」と悩んでいる人はたくさんいます。そういう人は、まずは証券会社に自分の口座をつくりましょう。口座は、証券会社の窓口でもネット上からでも開設できます。

証券会社の選び方にはいろいろな基準がありますが、「手数料の安さ」「使えるツールの種類」（証券会社によって企業を分析するツールなどが使えます）「取り扱っている商品の種類」「チャートの操作性や見やすさ」で比較すればよいでしょう。

口座を開くと、株式、投資信託、債券などなど、さまざまな投資商品があることがわかります。

代表的な投資商品の特徴について、次項から解説していきます。自分の資金の状況や、投資の目的などに合った商品を選ぶようにしてください。

債券
国や地方公共団体、企業などが発行する有価証券です。債券ごとに期間と金利が決まっています。高い安全性がメリットです。212〜213ページで紹介します。

投資信託
運用のプロが、投資家から託されたお金で株式や債券などを組み合わせて購入して運用します。210〜211ページで紹介します。

ETF
東京証券取引所などの金融商品取引所に上場されている投資信託です。株式と同じようにリアルタイムで取引することが可能です。216〜217ページで紹介します。

株式
上場した企業の株式を購入します。企業が経営に成功すると配当金や値上がり益がもらえます。値動きが大きいのが特徴です。214〜215ページで紹介します。

REIT（不動産投資信託）
不動産に投資する投資信託です。個人では所有できないオフィスビルなどに分散投資できて、不動産の維持や管理はしなくてOKです。220〜221ページで紹介します。

不動産
アパートなどの不動産を購入して、家賃収入を得ます。毎月収入が得られますが、購入時にまとまった資金が必要になります。218〜219ページで紹介します。

FX（外国為替証拠金取引）
外貨を売買して、購入時と売却時の為替レートの差によって利益を得ます。リスクが大きいことで知られています。224〜225ページで紹介します。

金
貴金属の金に投資します。金自体に利息はつきませんが、購入時より金価格が上昇すると利益を得られます。222〜223ページで紹介します。

ビギナーは投資信託から始めてみよう

少額で始められて、プロに運用を任せられる

●投資家から集めたお金を専門家が投資・運用する

たくさんの投資家たちから集めたお金をまとめ、ひとつの大きな資金として、投資のプロが株式や債券などに投資・運用するのが投資信託です。投資額に応じて、利益が投資家に分配されます。

投資家のお金をまとめて運用するため、一人ひとりの投資家は少額から投資でき、手軽に始められます。

株式や債券など、いくつかの商品に分けて購入する分散投資がリスク軽減のための効果的な方法ですが、本来、分散投資には多くの資金が必要となります。それに対し、投資信託は多くの投資家のお金をまとめて投資するため、分散投資が可能になるのです。投資信託では、投資先は専門家が選びます。経済・金融に関する専門的な知識を身につけたプロに投資を任せられるのも、大きなメリットです。個人では買えない海外の商品や特殊な金融商品への投資もできます。

複数の投資家から集めたお金をひとつの大きな資金として扱います。複数の投資家が参加するので、各投資は1万円程度の少額からでも始められます。また、大きな金額でないとできない分散投資（投資する商品を分けてリスクを減らす方法）も可能になります。

投資信託を
始めるぞ

投資信託は
少額から
投資することが
できる。

販売会社
投資信託の申し込み、
換金などを受け付け。

受託会社
資産の保管・管理を行う会社

金融市場
株式、債券、不動産など

運用会社
（ファンドマネージャー）
専門の知識を持ったプロが投資・運用を行います。個人では買えない金融商品も投資の対象となります。

儲かった
儲かった
儲かった

運用の成果が出れば、
分配金が得られるしくみです。

国が発行する債券には、高い安全性がある

リスクの低さで選ぶなら債券です

●債券には国債や社債、高金利の外国債などがある

債券は、国、地方公共団体、企業が人々からお金を借りるために発行するものです。国の債券を国債、地方公共団体の債券を地方債、企業の債券を社債と呼びます。

定期預金と同じように、債券には期間と金利があり、満期には払ったお金と利息が戻ってきます。

債券の中でも国債は、国が発行するので日本が破綻しない限り、お金が保証されます。個人向けなら1万円から買えるという手軽さも魅力的です。

債券には国債よりも高金利の外国債券もあります。ただし、外貨で支払われるので、為替レートの影響を受けます。日本円に替えたときに増減する点は、メリットでありデメリットでもあります。

債券の一種の国債は、国がお金を借りるために国が発行する有価証券です。期間と金利が決まっていて、満期になると、貸したお金と利息が戻ってきます。個人向け国債だと1万円から購入できて、販売手数料も発生せず、年2回利息が受け取れます。種類として変動金利型の10年のものと、固定金利型の5年と3年があります。3種とも最低金利0.05％が保障されています。

発行体

債券には国債、地方公共団体の地方債、企業の社債、外国が発行する外国債券などがあります。国債は国が発行したもので、その安全性が魅力です。

増やし方⑥

値動きが大きいのでリスクもある リターンを狙うなら株式投資

株式は、企業が資金を出資してもらうために発行する証券です。証券市場で売買が行われ、買い手がたくさんいると株価が上昇します。購入時より高い株価のときに売れば、その差額が利益になります。これをキャピタルゲインと呼びます。

A社の株、
買いますか〜？
A
買いま〜す
¥
買う買う!

株価が
上がったぞ
株価が
上がっているうちに
売ってしまおう

株式を売って手放したいと思う人が増えると、株価は下がります。購入時より株価が下がると損をします。これが株式投資のリスクです。株価は値動きが大きく、会社が倒産してしまった場合は投資したお金は戻ってきません。

キャピタルゲインだけが株式投資で得られる利益ではありません。利益を還元する配当金が、持株数に応じて支払われます。配当金は年1～2回支払われることが多いです。ただし、会社によっては利益が出ていても配当金が支払われないこともあります。また、キャピタルゲインと配当金以外では、金券・割引券や商品などがもらえる株主優待もあります。

証券市場に上場された投資信託

ETFは株式投資と投資信託のいいとこどり！

●投資信託よりも自由度が高く保有コストは安い

投資信託の中で株式上場されているものを、ETFと呼びます。投資信託と同じように分散投資されていて、株式投資と同じように売買できるという特徴があるので、株式投資と投資信託のいいとこどりをした金融商品だといえます。

ETFは上場している銘柄で構成されているので、株式と同じようにリアルタイムで売買することもできます。証券取引所の取引時間内であれば、いつでも売買できます。投資信託は1日1回のみの取引で、決められた基準価格でしか売買できないのに対し、ETFはかなり自由度が高いのです。

また、投資信託では、信託報酬（投資信託を管理・運用してもらうための経費）を販売会社、受託会社、運用会社の3社に支払いますが、ETFでは販売会社への信託報酬が発生しない分、低コストです。

ETFってどんな金融商品なの?
ボクは株式上場している投資信託だよ

ETFとは、Exchange Traded Fundの略で、「上場投資信託」のこと。

ETFも投資信託の一種ですが、通常の投資信託との大きな違いは、上場しているという点にあります。株式と同じように価格がリアルタイムで変動していて、その数字を見ながら売買できます。株式と同じように買い手が多ければ価格が上がり、売り手が多ければ価格が下がります。

株式、債券、金に、原油と、いろいろあるよ

ETFは投資信託と同じように分散投資ができて、株式と同じようにリアルタイムで売買が可能。投資信託と株式のいいとこどりをした金融商品といえます。

しかも、投資信託より手数料が安いんだ

ETFは非上場の投資信託と比べて、信託報酬手数料が安い。

不動産オーナーって儲かるの!?

安定収入の不動産投資には空室・老朽化のリスクも

●大家さんになれば家賃収入が毎月手に入る!?

不動産投資とは、簡単にいえば大家さんになって収入を得ることです。アパートやマンションなどの不動産物件のオーナーになり、第三者に貸し出すと家賃が入ってきます。この家賃のことは運用益といいます。物件を売却したときにも利益が入りますが、こちらは売却益といいます。

物件を借りる入居者がいれば、毎月、運用益が入ってくる安定性が魅力です。金融商品の場合、細かく相場をチェックする必要がありますが、不動産投資の場合は軌道に乗りさえすれば、細かいチェックは必要ない点もメリットです。

そのほかのメリットとしては、現金でなく、借金をして不動産というかたちで資産を持っていると、相続税を安くできるということもあります。

ただし、購入時には大金が必要となります。

不動産のオーナーになって、家賃を得たり、不動産を売却したりして利益を得ることを不動産投資といいます。不動産投資の中には、アパートやマンションを棟単位で貸す「1棟投資」、分譲マンションの1室を貸す「ワンルーム投資」、戸建て住宅を貸す「戸建て投資」があります。

デメリットもある……

家賃払えません
借主が家賃を
払ってくれない……

安定性などのメリットのある不動産投資ですが、さまざまなリスクがあります。まず、借りる人がいなくて空室のままだと家賃収入が発生しません。また、メンテナンスも必要ですし、建物が古くなると賃料も下げないといけません。老朽化が進むと、売却しようとしても、なかなか売れないことがあります。

投資信託だからプロに任せられる

REITなら少額で不動産投資が可能です

●不動産投資が持つデメリットを解消してくれる

前項で紹介したとおり、不動産投資には「購入時に大金が必要」「建物をメンテナンスしないといけない」といった難しい問題があります。

こうした問題をクリアするのが、REIT（リート）です。REITとは不動産の投資信託のことで、複数の投資家から集めた資金で不動産への投資を行うので、少額から始められ、物件の管理などは専門家に任せることが可能です。

REIT

投資先は大型物件になります
ショッピングモール

1 REITとは?

REITは「Real Estate Investment Trust」の略称。「Investment Trust」とは投資信託のことで、REITは不動産の投資信託のことです。各投資家から集めた資金をひとまとめの大きな資金として不動産への投資を行い、得られた家賃収入や売却益を各投資家に分配します。投資家は少額から投資を行えます。

REITなら数万円で
不動産投資が
できますよ

2 大型物件に投資ができる

個人では投資が難しい、オフィスビル、ホテル、ショッピングモールなどの大型物件にも投資できます。また、個人だと数多くの物件を購入することは難しいのでリスクの分散も難しくなりますが、複数の物件を保有するREITならリスク分散が可能となります。

HOTEL
大きいなぁ

3 運用はプロが行う

REITの投資はプロが行うので、投資家に不動産の知識がなくても大丈夫。また、不動産の運営もプロに任せられます。個人で直接不動産を運営する場合、管理するためにさまざまな手間が発生しますが、REITではそれにかかずらう必要はありません。

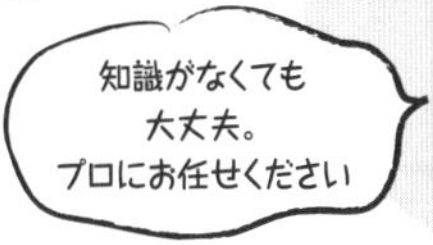
知識がなくても
大丈夫。
プロにお任せください

保有するコストがいらない純金積立

限りある資源の金は安定的な投資先

●株式や通貨と違い金の価値はゼロにならない

貴金属の金も投資の対象となります。投資商品としての金について「有事の金」という言葉があります。

株式はその会社が倒産すれば価値がなくなりますし、通貨もその国が不安定になると価値が下がります。ですが、金はそのモノ自体に価値があるので、何が起きても価値がゼロになることはありません。そのため、金は世界情勢が不安定になると価格が上がる傾向があります。

金にはいくつかの投資方法があります。金の現物（金の延べ棒、金貨）を売買して、その差額で儲ける方法もありますが、金を盗まれないように保管する必要があります。こうした保管の問題をクリアしたのが「純金積立」です。毎月、金を購入して積み立てていく投資方法で、少額から始められます。ただし、手数料や会費がかかる場合があります。

金の投資は、金を購入するかたちで行います。ですが、金の現物を所有すると盗難を心配しないといけません。そのため、金の保管を購入先に任せる「純金積立」という方法もあります。純金積立は、商社、銀行、地金商、鉱山会社などで取り扱っています。

積み立て投資なら
少額で済みますよ

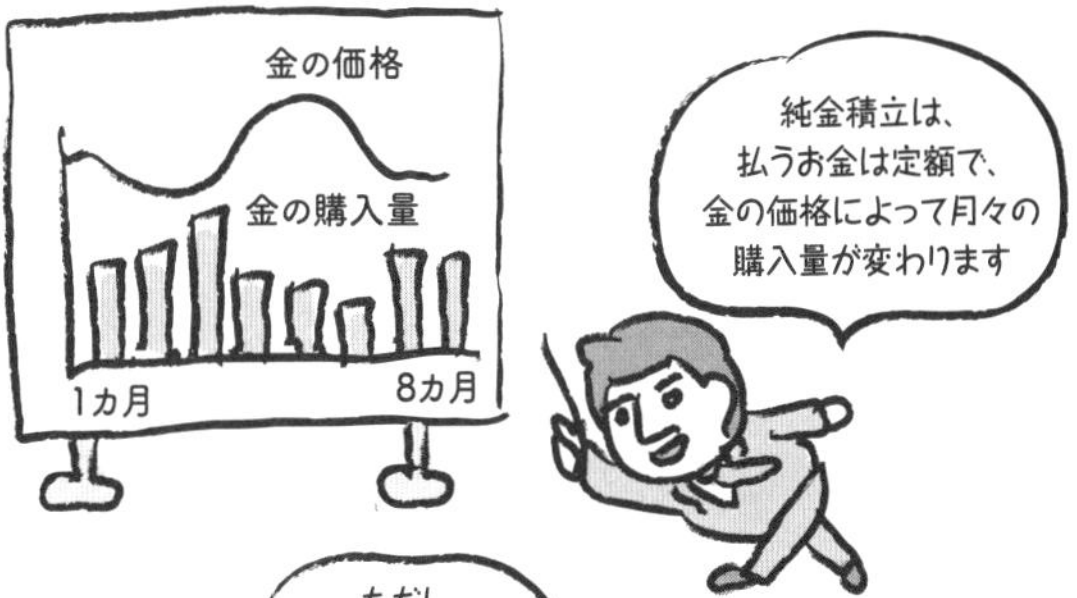

金の価格
金の購入量
1カ月
8カ月
純金積立は、
払うお金は定額で、
金の価格によって月々の
購入量が変わります

そうなんですね
ただし、
リスクもあります
純金積立には会費や手数料がかかります。また、価格変動によって元本割れのリスクがあります。

純金積立は、毎月一定額で金を購入する投資で、1000円程度から始められます。金額を指定すると自動的に金の購入を続けます。金の価格が高いときは、金を少しだけ買い、安いときはたくさん買うようにできるので、価格変動のリスクも抑えられます。貯まった金の精算方法としては、金を売却して現金で受け取るものと、金地金（金の延べ棒）で受け取るものがあります。運営会社によっては金貨で受け取ることもできます。

レバレッジで小さいお金で大きく儲ける

為替で儲けるＦＸはハイリスク・ハイリターン

●外貨を円で買って為替の差額で利益を出そう

ＦＸは外貨を運用する投資方法の一種です。ドルやユーロなどを売買して、為替レートの差を利用して利益を出します。

たとえば、１ドルを１００円のときに買って、１ドル＝１１０円のときに売れば、10円の儲けとなります。逆に１ドル＝90円で売れば、10円の損となります。

為替レートの差を利用する投資として外貨預金もありますが、ＦＸには「レバレッジ」というしくみがあります。投資家が出したお金を担保に、その金額の最大25倍分で取引ができるのです。少ない額で大きく儲けられる反面、リスクも大きくなります。

ただし、損失の拡大を防ぐロスカットという制度もあります。

FXは為替レートの差を利用して、利益を出します。外貨を円で買って、購入時より外貨の価値が上がった（円安の状態）ところで売れば利益が出ます。逆に外貨の価値が下がった（円高の状態）ところで売ると損失となります。

FXならではのしくみが、レバレッジです。レバレッジは「てこ」という意味で、小さなお金で大きなお金を動かすことを表しています。投資家が預けたお金（証拠金と呼びます）を担保に、その証拠金の何倍かの額の取引を行うのがレバレッジです。国内では最大25倍と、金融庁が上限を決めています。証拠金が10万円なら、250万円分の取引ができるのです。

知っておくとお得です

NISAを使えば投資の利益が非課税に

●投資で得られた利益がすべて自分のものになる

金融庁が少額投資をする個人投資家のためにつくった制度に、NISAがあります（2014年に開始）。通常、投資で得た利益には税金がかかってしまうので、投資家が得られるお金は約80%になります。ですが、NISAでは利益に税金がかからず、すべて自分のものとなります。

ただし、年間で投資が可能な金額は最大120万円、非課税期間は最長5年間という制限があります。また、次項で紹介する「つみたてNISA」と同時に利用することはできません（※NISA制度は2024年に新NISAに改正）。

NISAは、銀行や証券会社に専用の口座を開設することで、制度を利用することができます。利用できるのは、口座を開設する年の1月1日の時点で満20歳以上の、日本に住んでいる人です。1人につき1口座の開設しか認められていません。

NISAではない投資だと……

う～、
仕方ないな
税金を払ってください

投資で得た利益には20.315%の税金が課されますが、NISA口座を使った取引で得た利益には税金が課されません。すべての利益を自分のものにすることが可能です。

非課税となるのは年間最大120万円までの投資です。たとえば80万円でA社の株式を買った場合、残りの非課税投資枠は40万円です。A社の株価が上昇して120万円になっても、40万円の非課税投資枠は有効なままです。

※NISA制度は2024年に新NISAに改正され、非課税投資枠の年間上限が240万円に、非課税期間は無期限となります。つみたて枠（※現行の「つみたてNISA」）との併用も可能です。

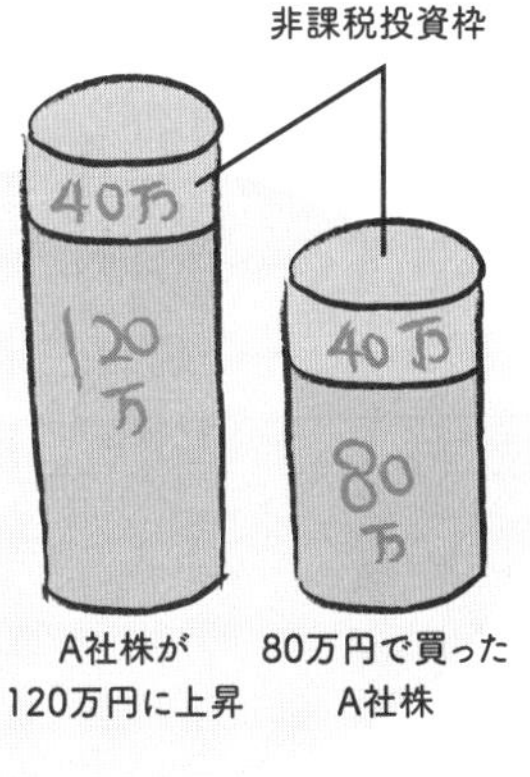
非課税投資枠
40万
120万
A社株が
120万円に上昇
40万
80万
80万円で買った
A社株

※NISAの対象となるのは、日本に住んでいる満20歳以上（口座をひらく年の1月1日の時点の年齢）の人ですが、0～19歳の人が使える「ジュニアNISA」もあります。非課税投資枠の上限は80万円で、保護者が運用し、18歳になるまでは原則的に払い出しができません。

増やし方⑬

リスクを抑えながら資産を長期運用する

車や住居費用はつみたてＮＩＳＡで増やす

●投資枠は低めだが期間が長いのでコツコツ貯めよう

ＮＩＳＡがスタートした４年後の２０１８年に「つみたてＮＩＳＡ」も利用できるようになりました。ＮＩＳＡとつみたてＮＩＳＡは同じ年に使用することはできないので、どちらが自分の目的に合っているか見極めるようにしましょう。

つみたてＮＩＳＡとＮＩＳＡの大きな違いは、非課税の投資枠と期間です。つみたてＮＩＳＡの非課税投資枠の年間の上限は40万円なので、ＮＩＳＡの１２０万円よりかなり低めになっています。しかし、非課税期間はつみたてＮＩＳＡが20年、ＮＩＳＡは５年なので、つみたてＮＩＳＡのほうが圧倒的に長くなっています（※２０２４年に新ＮＩＳＡに改正）。

そして、購入可能な商品は、金融庁の条件をクリアした投資信託とＥＴＦのみです。さらに、認められた投資方法は積み立てのみですので、つみたてＮＩＳＡは、コツコツと長い期間をかけてお金を増やしたい人に向いています。

NISAの場合
NISAの非課税投資枠の年間上限は120万円、非課税期間は5年です。最大投資額600万円。

非課税期間 5年
年間上限120万円

年間上限40万円
非課税期間 20年

つみたてNISAの場合
つみたてNISAの非課税投資枠の年間上限は40万円、非課税期間は20年です。20年間の合計投資額は800万円と、通常のNISAより高くなります。

※2024年の新NISAの改正により、「つみたてNISA」は「つみたて投資枠」に名称が変わります。非課税投資枠の年間上限は120万円、非課税期間は無期限となり、一般NISA（成長投資枠）との併用も可能です。

NISA、つみたてNISAは
証券会社や銀行などの
金融機関、ネットから
でも加入できます

※つみたてNISAの投資方法は積立投資のみで（通常のNISAは一括購入と積立投資）、購入できるのは金融庁の条件をクリアした投資信託とETFのみ。金融庁が認めた優良商品のみが対象になるので安心できる点もメリット。長期間かけて積み立てていくだけでなく、好きなタイミングで解約が可能です。住宅や自動車の購入や、老後のための資産づくりに向いているといえます。

国民年金、厚生年金に上乗せできる

年金を増やしたいならiDeCo

●多くの人が入れて節税効果というメリットもあり!

老後のお金に不安を抱いている人が検討したいのは、iDeCo（個人型確定拠出年金）です。

iDeCoは日本国内に住んでいる20歳以上60歳未満で、国民年金・厚生年金加入者なら誰でも加入することができます。

毎月5000〜6万8000円（上限は加入者の職業によって変わります）を積み立てていき、60歳になると積み立てたお金を引き出すことができます。裏を返すと、60歳まではお金を引き出すことができません。

また、毎月の掛け金が所得控除の対象で、運用益も非課税、受け取るときも一定額までは非課税となるので、積み立て時と運用時と受け取り時に節税効果があります。

60歳から
積み立てたお金を
引き出せる

iDeCoは自分でつくる年金です。毎月積み立てたお金（掛け金といいます）が、金融機関のプロによって投資・運用されて、増えていきます。また、受け取り方法は一時金と年金との2パターンがあり、自分で選べます。なお、加入期間が10年未満の場合だと、8年以上は61歳から、6年以上は62歳からというように、受給開始が遅くなります。

※20歳以上60歳未満の国民年金・厚生年金加入者が入れる。
国内に住んでいる人が加入対象者となります。加入者の職業によって分類され、毎月の掛け金の上限額が変わってきます。

第1号被保険者

自営業者、フリーランス、学生など。掛け金の上限は月額6万8000円です（国民年金基金または国民年金付加保険料の掛け金と合算した額です）。

第2号被保険者

会社員、公務員。会社に企業年金がない会社員は、掛け金の上限は月額2万3000円。また、企業年金に加入している会社員は上限が月額2万円など、上限は異なります。

第3号被保険者

第2号被保険者に扶養されている年収130万円未満の専業主婦・主夫。掛け金の上限は月額2万3000円です。

節税効果の
メリットも
あります
運用益
掛け金

掛け金が所得控除の対象となり、運用で出た利益も非課税、積み立てたお金を受け取るときも一定額まで非課税。このように積み立てるとき、運用するとき、受け取るときの3段階で節税できます。

COLUMN 09

仮想通貨の特徴は価格が変動すること したがって投資の対象となる

●電子マネーとは違って法定通貨と換金が可能！

仮想通貨（暗号資産）は、電子データのみでやりとりされる通貨。ビットコインが有名で、主にインターネット上の取引に利用されます。

円やドルといった国が管理する法定通貨とは異なり、仮想通貨は利用者同士で取引情報を管理します。その魅力は何をおいても利便性の高さ。送金が速く手数料も安い。通貨自体がデータなため、機能がアップデートされやすいといったことなどです。また、発行数に上限が設けられており、需給バランスで価格が変動するため投資対象になりやすいのも魅力です。電子マネーと違って換金可能な点も大きな利点といえるでしょう。

むろんリスクもあります。価格変動が大きく、大損する可能性は常につきまといます。サイバー攻撃やシステム障害、パスワード紛失といったネット特有のトラブルにさらされやすい点にも注意が必要です。

10章

日本と世界のお金事情のキ・ホ・ン

世界中の人々が大騒ぎしたリーマンショックやギリシャ危機。グローバル化にともなって、お金は全人類の関心事といっても過言ではありません。本章では、日本や世界といった大きな視点でお金について考察します。

お金事情①

税金がどんどん上がるのは国にお金がないから!?

日本の国家予算はどれくらいあるの？

●税収で足りない分は借金をして負担を先送りに

日本の国家予算（一般会計）は約１１４兆円ありますが、国の収入である歳入のうち３割を公債金が占めています。

これは税収だけでは足りないため国債を発行しているからなのですが、国債は期限までに利子をつけて償還しなくてはいけません。

これまでに発行した国債を償還するための国債費は、支出である歳出の２割以上。国は借金返済のために新たな借金をしているのです。

年金の支払いや医療保険などに充てるよ
社会保障費
36.8兆円
（2023年度）

国家予算は主に税金が財源となっています

1 一般会計は約114兆円

国家予算とは、国を運営するにあたって必要な1年間の金銭の収支計画をまとめたもので、政府が作成し国会の承認を得ます。一般的な行政のために使われるお金を一般会計といいます。

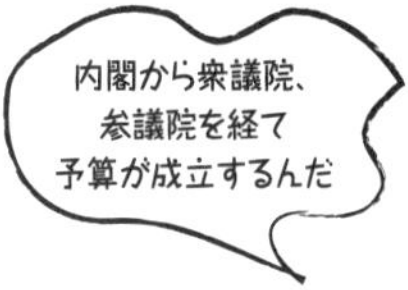
内閣から衆議院、
参議院を経て
予算が成立するんだ

国債の償還や
利子の支払い
に使うよ
地方に分配して
使ってもらう
お金だよ
国債費
25兆円
地方交付税
交付金等
16兆円

2 一般会計の内訳

約114兆円ある一般会計ですが、歳出（支出）を見るとそのうち社会保障費、地方交付税交付金、国債費で全体の7割を占めています。公共事業や教育、防衛などに使えるお金はたった3割しかないのです。

公債金35.6兆円
（2023年度）
消費税は上がる一方なのに
法人税や高額所得者の
所得税は下げている！

3 借金が予算に含まれている

国家予算の財源は主に税金ですが、じつは3割以上を占めているのが国債などの公債金。つまり、足りない分を借金で補っているのです。この借金は将来世代の負担となっているのが現状です。

どんどん増える国債！

日本は借金だらけって本当なの⁉

●赤字国債の増加で将来の世代の負担が増える

日本（政府）の借金は増加し続けています。国の主な収入は税金ですが、税金だけではまかなえないため、国債を発行して銀行や国民からお金を借りています。問題は、国の負債の大半を占める国債の増加です。建設国債はこの30年で2・8倍の増加にとどまっていますが、赤字国債は8・8倍にも増えています。施設などを運営した収入で借金を返せる建設国債とは異なり、赤字国債は、今足りない分の負担を将来の世代に先送りしている借金となります。

つまり、借金を返済するために若い世代の税金が増えたり、十分な社会保障が受けられなくなったりする可能性があるということになるのです。

日本の借金問題は、私たちの生活に関わることなので決して無関係ではありません。今後の動向に注視しましょう。

1 借金は増え続けている

2000年に500兆円だった日本の借金は、2015年には倍以上に膨れ上がり、その後も増加の一途をたどっています。借金のうち9割近くが国債で、過去の国債を返すために国債を発行しているのが現状です。

国民1人あたりに
換算すると、国の借金は
約1041万円!
1041万円

2 国の借金の内訳

令和4年度の国の財務書類では、日本の資産は約724兆円です。資産とは、現金・預金や有価証券、有形固定資産などのこと。現金の大半は翌年度の支払いに使われるため、新しい財源にはなりません。

3 負債は資産の約2倍

負債の大半を占めているのが国債で、次に多いのが公的年金預かり金。これは将来の年金給付のために国民から預かっているお金で、実際にどこかから借金をしているというわけではありません。

memo

国債には、建設国債と赤字国債の2種類があります。公共施設や社会インフラの整備のための資金を調達するための建設国債は、施設の使用料などで借金返済のための収入が見込めます。一方、公共事業以外の資金を調達するための赤字国債は、将来の世代に負担を先送りしているといえます。

4 国債の増加も深刻

令和5年度末の時点で、国債は約1068兆円（見込み）。国民1人あたりで計算すると、約1,041万円にもなります。これは一般会計税収の約14年分に相当し、平成元年からは6倍も増えています。

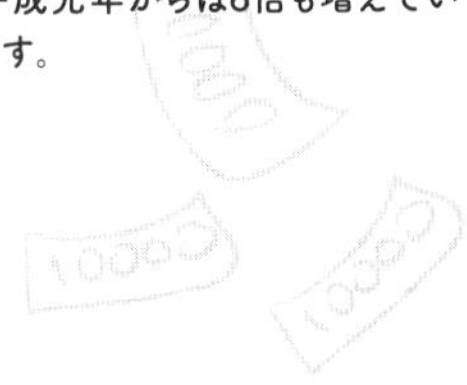

その国が豊かかどうか知るための目安

そういえば、GDPって何だっけ?

●GDPで国の経済力がわかる

日本国内で生み出されたモノやサービスの付加価値をGDP(国内総生産)といいます。ただし、日本企業の海外支店や、海外在住の日本人が生み出した付加価値は含まれません。

GDPが多いほどその国は豊かということになり、前の年よりもGDPが増えれば、その国の経済は成長しているということになります。

ひとくちにGDPといっても、取引する価格で付加価値を計算したものを「名目GDP」といい、物価が変動した分を除いて計算したものを「実質GDP」といいます。その国の経済が成長しているかどうかは、主に実質GDPで判断されます。

日本のGDPは2023年は約4・4兆ドルで世界第3位でした。ちなみに、世界1位は米国で約26・9兆ドル、第2位は中国で約19・4兆ドルとなっています。

1 GDPが多い国は豊か

GDP（国内総生産）は、一定期間にその国に住む人や企業が生み出した付加価値の総額のことをいいます。国内で生産されたモノの売上から、モノをつくったり売ったりするために使ったお金を引いた額が付加価値です。

パン屋さんが130万円で仕入れた小麦粉でパンをつくったところ、200万円の売上に（付加価値は70万円）。小麦農家、製粉業者、パン屋さんのように国内で生み出された付加価値を足した総額200万円がGDPとなります。

2 30万円の利益が付加価値

たとえば、小麦農家が小麦を生産し30万円で売った場合、30万円がそのまま付加価値となります。

（※仕入れ値や必要経費は考えないものとします）

3 売上から仕入れを引く

小麦農家から30万円で仕入れた小麦を、製粉業者が小麦粉にして130万円で売った場合、差額の100万円が付加価値に。

世界の貿易事情を知っておきたい

貿易で取引されるのはモノだけじゃない

●世界情勢によって大きく左右される貿易量と形態

世界はどんどんグローバル化が進んでいます。それに伴い、世界の貿易の量や形態もめまぐるしく変化しています。たとえば、今では輸出国トップ、輸入国としても2位の中国は、2001年にはまだ輸出国6位でした。しかし、人口の増加とともに貿易量もどんどん増え、ついに2009年には輸出国トップにまでなったのです。日本はかつて世界で2位の輸出量でしたが、中国の台頭や東日本大震災の影響などにより、現在は5位となっています。

商品別では、機械と電気機器が輸出全体の約4割を占め、化学製品、鉄鋼などが続きます。また、インターネットの普及や海外へ行きやすくなったことなどから、機械や食品などのモノだけではなく、サービスを取引するサービス貿易も盛んになってきました。しかし、2020年の新型コロナウイルスの世界的流行に伴い、貿易量は大幅に減少してしまいました。

貿易量の変化

世界の貿易量（輸出額）は、2002年以降増加し続けていました。しかし、2008年に起こったリーマン・ショックの影響で一時的に激減。そこからまた増加していきますが、ここ数年はまた減少しつつあります。

もっとも取引金額が
大きいのは
機械・機器なんだって

電話や
インターネットで
サービスを
提供をするんだ

外国へ観光旅行に行き、その国でサービスを受ける国外消費もサービス貿易のひとつ。外国で電車に乗る、レストランで食事をする、外貨両替するなども含まれます。

モノを取引する以外に、自分の国から外国のお客さんにサービスを提供するかたちの貿易もあります。これを越境取引といい、例としてテレホンセンターのアウトソーシングなどが挙げられます。

外国に
支店を
つくりました

海外支店を通じた金融サービスのように、本社は国内に置きつつ、外国に拠点をつくってサービスを提供することもサービス貿易です。

WTOって何をしているところ？

貿易のルールが決められたのは戦争がきっかけ

●自由に貿易し経済を発展させるのが目的

過去には、イギリスやフランスがお金や物資の流通を自国と植民地だけ優遇し、ほかの国には高い関税をかけるなどしたブロック経済が行われたこともありました。

不公平な貿易で他国に不満がたまり、世界恐慌などの不景気も相まって第二次世界大戦が起こったともいわれています。

経済が戦争のきっかけにならないよう、1948年に関税や貿易に関する一般協定のGATTが発足しました。それを引き継ぎ、1995年にWTO（世界貿易機構）が設立され、現在は164の国と地域が加盟しています。

WTOの加盟国同士であれば、どこの国と貿易をしても同じ関税率にするなど、公平性が保たれています。

1 WTOの役割

自由にモノやサービスなどの貿易ができる一方、それぞれの国の事情によって公平さが欠けないようルールを決めている国際機関がWTO（世界貿易機関）です。

2 トラブルを解決

ルールに基づいて、貿易に関する紛争を解決するのもWTOの役割です。国同士で貿易トラブルが起きてしまったときのために、紛争解決手続のシステムが設けられていてWTOが調停を行います。

お金事情⑥

貿易は大事だけど自国の産業も守りたい

関税って何のためにあるの？

●関税によって自国の産業が守られている

外国からモノを輸入する際にかかる関税は、何を輸入するかによって率が変わり、日本では牛肉や米には高い関税をかけています。

元々は自分たちの国の産業を守るために設けられた関税ですが、最近は関税を撤廃したほうがいいのではという論調もあります。ＦＴＡ（自由貿易協定）やＴＰＰ（環太平洋パートナーシップ協定）は、関税を下げる、または撤廃することを目指すといった協定です。

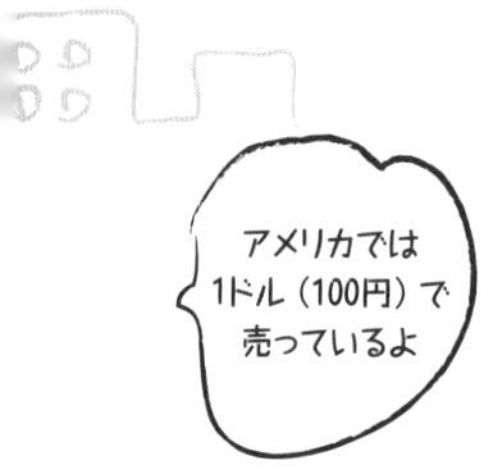
アメリカでは
1ドル（100円）で
売っているよ

米

牛肉には38.5%、
米には1kg
あたり341円の
関税がかかる。

1 関税とは

外国からモノを輸入するとき、輸入する国の政府によって課される税を関税といいます。関税を払うのは輸入する企業や個人。関税は、財政収入や国内産業の保護が目的とされています。

関税が10%だから
日本では110円だね

多くの製品に関税がかかる一方、日本が自動車や本、雑誌を輸入する際には関税がかからない。

輸入米が安いと
日本の米が
売れないよ

国産米が
守られるね

1kg 300円＋関税341円
＝641円

2 関税がなかったら

もし関税がなかったら、外国から安く輸入した農作物が市場に並び、日本産の農作物が売れなくなって生産者も減ってしまうかもしれません。関税は、日本の産業を守るという役割も果たしているのです。

儲かればいいというわけじゃない！

貿易摩擦はどうして問題なの!?

●収支だけでなく他国との関係のバランスも取る

東日本大震災で工場などが大打撃を受けたあと数年は赤字になることもありましたが、日本は基本的に貿易黒字の国です。

輸出額から輸入額を引いたものを貿易収支といい、輸出額が上回っていれば黒字となり、ＧＤＰも上がります。ただし、黒字になればなるほどいいというわけではありません。

第二次世界大戦後、高度経済成長を遂げた日本は、鉄鋼や自動車など、たくさんの日本製品をアメリカに輸出していました。特に日本の小型車は人気で、輸出量も多かったのですが、逆にアメリカ製の車が売れなくなってしまったのです。

不満が溜まったアメリカの自動車生産者は、日本車を叩《たた》き壊すパフォーマンスをするなど、ジャパンバッシングを行いました。これを貿易摩擦といい、両国に大きな軋轢《あつれき》を生みました。

輸入額
輸出額
国の通貨が
安くなって
GDPも下がっちゃう

1 貿易摩擦って何？

貿易摩擦とは、輸出と輸入のバランスが偏るなど、貿易に関して国と国との間で起こる問題のこと。特定の品目を大量に輸入することで国内の産業が打撃を受けるといった例が挙げられます。

2 国同士の関係が大事

輸入額より輸出額が増えれば、貿易は黒字になります。国の経済にとってはいいことですが、黒字が大きくなりすぎると他国から批判されることも。日本の輸出が増加した1980年代には「ジャパンバッシング」が起こりました。

わかったよ、
バランスを取ろう

3 貿易摩擦を防ぐために

貿易摩擦が起こって国同士の関係が悪化しないように、輸出国が輸出量を減らす、輸入国に工場をつくって現地で生産するなど、さまざまな対策が行われています。

4 東日本大震災で赤字に

日本の貿易は1990年代から黒字が続いていました。しかし、2011年の東日本大震災で工場などが被害を受け、燃料輸入が増加し、赤字が続いていました。再び黒字に戻ったのは2016年頃でした。

ひとつの国で起こった金融問題が世界に影響

金融と世界の結びつきを知っておきたい

●離れていても世界の金融はつながっている

2008年に起こったリーマン・ショックと、2010年に起こったギリシャ危機は世界に大きな影響を及ぼしました。

リーマン・ショックによってアメリカが不景気になると、アメリカに輸出していたものが売れなくなってしまいます。すると、アメリカと貿易をしていた主要国にも不景気が飛び火し、株価は暴落。日本では、日経平均株価が約半値まで下がってしまいました。

ギリシャ危機は、日本への大きな影響はありませんでしたが、ユーロが信用を失ったことでユーロ圏は混乱しました。

グローバル化が進み、ひとつの国で起こった金融危機が及ぼす世界への影響も大きくなってきているのです。

1 リーマン・ショックとは

アメリカの投資銀行「リーマン・ブラザーズ・ホールディングス」は、低所得者でも簡単に住宅ローンが組めるサブプライムローンを販売していました。しかし、不景気から住宅ローンを返済できない人が続出してしまったのです。

2 投資銀行が破綻

リーマン・ブラザーズ・ホールディングスは住宅ローンを証券化して他の銀行や投資家に販売していました。しかし、経営悪化で倒産。他の銀行も経営が悪化し、アメリカ全体が不況に陥ってしまいました。

3 G20が経済対策を実施

アメリカの歴史的な不景気は、世界中に影響を及ぼしました。そこで、世界経済の安定と成長をはかるための国際会議G20が、財政出動と金融緩和を中心とした経済対策を実施。アメリカのピンチに世界で立ち向かいました。

4 ギリシャ危機も世界に影響

ギリシャ危機とは、2010年に起こった経済危機。政権交代と同時に、じつは財政赤字が公表しているものより大幅に膨らんでいたことが発覚しました。するとギリシャの国債の格付けが下がり、国債の価格が暴落してしまったのです。

5 IMFとEUが支援

ギリシャの国債が信用を失い、外国為替市場でユーロが下落。ユーロ圏だけでなく、世界的な経済危機へと発展してしまいました。そこで、IMF（国際通貨基金）とEUが支援し、国が立ち直れるようにサポートしました。

COLUMN 10

富を求めて戦争をしていた時代から富を失わぬために戦争をしない時代へ

●戦争がグローバル経済に打撃を与える

人類の歴史は戦争の歴史といわれます。しかし現在、ロシアのウクライナ侵攻などの地域的な紛争こそあっても、大国同士の総力戦はなくなりました。

20世紀の2回の世界大戦は、当事国が軍事力だけでなく、政治、経済、文化、思想といったあらゆるリソース（資源）を投じて戦いました。結果、勝ったほうも負けたほうも大きく疲弊してしまったのです。日本も太平洋戦争終結までの8年間に国家予算の74倍となる約7600億円の費用を投じ、何も得られないばかりか多くのものを失いました。

グローバル化時代になり、世界各国はより経済面で強く結びついています。ひとたび戦争が起きればロシアのウクライナ侵攻のように当時国以外にも多くの国が経済的な打撃を被ることになります。ゆえに戦争は割に合わないのです。だからこそ世界は全力で戦争を止めなければならないのです。

索引

あ

か

さ

た

アルファベット

参考文献

カール教授のビジネス集中講義 金融・ファイナンス
平野敦士カール 著（朝日新聞出版）

節約・貯蓄・投資の前に
今さら聞けないお金の超基本
坂本綾子 著／泉美智子 監修（朝日新聞出版）

本当の自由を手に入れる
お金の大学　両@リベ大学長 著（朝日新聞出版）

一生困らない自由を手に入れる　お金の教室
森本貴子 著（大和書房）

明日からお金を増やす方法大事典
大竹のり子 監修（西東社）

まだ間に合う　老後資金４０００万円をつくる！
お金の貯め方・増やし方
川部紀子 著（明日香出版社）

貯金も節約もできない人でもお金が増える方法
篠田尚子 著（かんき出版）

世界一やさしい 株の教科書1年生
ジョン・シュウギョウ 著（ソーテック社）

監修　**平野敦士カール**（ひらの あつし かーる）

経営コンサルタント。米国イリノイ州生まれ。東京大学経済学部卒業。株式会社ネットストラテジー代表取締役社長、社団法人プラットフォーム戦略協会代表理事。日本興業銀行などを経て、2007年にハーバードビジネススクール准教授とともにコンサルティング＆研修会社の株式会社ネットストラテジーを創業し社長に就任。ハーバードビジネススクール招待講師、ドコモ・ドットコム取締役などを歴任。米国・中国・韓国・シンガポールほか海外での講演多数。著書に『プラットフォーム戦略』（共著、東洋経済新報社）、『図解 カール教授と学ぶ成功企業31社のビジネスモデル超入門！』（ディスカヴァー・トゥエンティワン）など多数。

X（Twitter）：@carlhirano

銀行も証券会社もFPも教えてくれない 新しい！お金の増やし方の教科書
篠田尚子 著（SBクリエイティブ株式会社）

行列のできる人気女性FPが教える お金を貯める 守る 増やす 超正解30
井澤江美 著（東洋経済新報社）

難しいことはわかりませんが、お金の増やし方を教えてください！
山崎元、大橋弘祐 著（文響社）

年金、増税…不安に負けない！ お金が貯まる!! ベスト技180（扶桑社）

ケチケチせずに「お金が貯まる法」見つけました！
風呂内亜矢 著（三笠書房）

一生、お金で困らない！［図解］家計の見直し㊢ガイド
小野瑛子 監修（大和出版）

いっきにわかる！ つみたてNISA&iDeCo令和スタート版
山中伸枝、藤川太 監修（洋泉社）

親子で学ぶ お金と経済の図鑑
子どものための「お金と経済」プロジェクト 著（技術評論社）

本書は2021年1月に小社から刊行した単行本『使い方から貯め方、増やし方まで1時間でわかる お金の基本 ゆる図鑑』を改訂・改題し文庫化したものです。

宝島 SUGOI 文庫

知れば知るほど得する　お金の基本
（しればしるほどとくする　おかねのきほん）

2023年9月20日　第1刷発行

監修　平野敦士カール
発行人　蓮見清一
発行所　株式会社 宝島社
〒102-8388　東京都千代田区一番町25番地
電話:営業 03(3234)4621/編集 03(3239)0927
https://tkj.jp
印刷・製本　株式会社広済堂ネクスト

Printed in Japan
First published 2021 by Takarajimasha, Inc.
ISBN978-4-299-04719-9